Les meilleures
BLAGUES
sur les
BLONDES

Données de catalogage avant publication (Canada)

Vedette principale au titre :

Les meilleures blagues sur les blondes

(Collection Humour)

ISBN 2-7640-0647-0

1. Femmes – Humour. 2. Blonds (Personnes) – Humour. I. Archambault, Thomas. II. Collection : Collection Humour (Montréal, Québec).

PN6231.W6M42 2003   808.88'2   C2002-941694-9

LES ÉDITIONS QUEBECOR
7, chemin Bates
Outremont (Québec)
H2V 4V7
Tél. : (514) 270-1746

©2003, Les Éditions Quebecor
Bibliothèque nationale du Québec
Bibliothèque nationale du Canada
ISBN : 2-7640-0647-0

Éditeur : Jacques Simard
Coordonnatrice de la production : Claire Morasse
Conception de la couverture : Bernard Langlois
Illustration de la couverture : EyeWire
Révision : Jocelyne Cormier
Infographie : Dany St-André, 15e Avenue infographie

Nous reconnaissons l'aide financière du gouvernement du Canada par l'entremise du Programme d'Aide au Développement de l'Industrie de l'Édition pour nos activités d'édition.

Gouvernement du Québec – Programme de crédit d'impôt pour l'édition de livres – Gestion SODEC.

Imprimé au Canada

Thomas Archambault

Les meilleures
BLAGUES
sur les
BLONDES

LES ÉDITIONS
Quebecor
QUEBECOR MEDIA

INTRODUCTION

Je ne ferai pas une présentation trop longue; après tout, ce livre de blagues sur les blondes devrait aussi pouvoir être lu par elles! D'accord, elles ne comprendront pas tout, mais ce sera tout de même un exploit que de les voir avec un livre entre les mains; alors, faisons notre petit effort pour une bonne cause. Je me limite au strict minimum, alors soyez indulgent.

Cela dit, est-ce que les blagues reflètent réellement ce que sont, font et disent les blondes? Pas tout à fait. Car les mots — malgré toute la complexité de la langue française — n'arrivent pas à tout dire de ce qu'elles sont vraiment. En ce sens, ces blagues sont donc... en dessous de la réalité.

Voilà, je m'arrête ici, on m'a dit que c'est le nombre de lignes que les blondes pouvaient lire d'un seul trait! Bonne lecture, mesdemoiselles et mesdames... et bonne rigolade pour les autres!

ACCIDENT

Quelle est la dernière chose qui passe par la tête d'une blonde lorsqu'elle se fait frapper par un camion?

Les roues arrière!

Une blonde tombe dans une rivière, c'est un accident.

On la repêche, c'est une... catastrophe!

Quelle est la différence entre une blonde et une tornade?

Aucune! Elles arrivent toutes les deux chaudes et humides et repartent avec ta maison, tes meubles et ta voiture...

Une blonde arrive à l'urgence avec son index gauche déchiqueté et sanglant. Le médecin lui demande:

– Comment ça vous est arrivé?

– Eh bien! j'ai tenté de me suicider...

– Vous voulez vous suicider en vous tirant une balle dans le doigt? Vous vous moquez de moi?

– Mais non, espèce d'idiot! En fait, j'ai d'abord pointé le pistolet sur ma poitrine. Mais je me suis rappelé que j'avais quand même dépensé 20 000$ pour avoir d'aussi beaux seins. Alors j'ai pointé le canon dans ma bouche, mais je me suis rappelé ce que m'avait coûté l'orthodontiste et le temps que j'avais dû subir cet appareillage dentaire. Alors j'ai pointé le canon dans mon oreille, mais j'ai pensé que ça allait faire du bruit et j'ai placé mon index sur le bout du pistolet avant de presser la détente...

À la clinique, le docteur examine la jambe d'une blonde qui a eu un accident.

– Ce n'est rien, déclare le médecin, dans une semaine vous pourrez danser le rock!

– Ça, c'est un miracle, docteur! répond la blonde.

– Et pourquoi donc?

– Eh bien, parce qu'avant mon accident, je ne savais pas du tout danser!

Avez-vous entendu parler de la blonde qui est morte en buvant du lait?

La vache lui est tombée dessus!

Une blonde, une rousse et une brune sont en haut d'un édifice; elles sautent en même temps: lesquelles arrivent les premières?

La brune et la rousse, puisque la blonde s'est perdue en chemin...

Une blonde, qui a eu beaucoup de maris et d'amants dans sa vie, meurt dans un accident de voiture. Lors de son enterrement, deux de ses anciennes copines discutent.

– Eh bien, ça y est! Elle les a rejoints...

– De qui parles-tu? De ses maris ou de ses amants?

– Je parle de ses jambes.

Comment une blonde s'est-elle cassé une jambe en ramassant les feuilles?

En tombant en bas de l'arbre!

ACHAT

Pourquoi les blondes rampent-elles dans les centres commerciaux?

Pour trouver les prix les plus bas.

Une blonde est avec son petit ami, gérant d'une boutique d'accessoires de camping. Celui-ci lui dit:

– Si tu as une vieille tente à vendre, je pourrais te l'acheter, si tu veux...

– Justement, j'en ai une! Pas de problème! En plus, je l'aime pas!

– Super! T'en veux combien?

– Mais rien, je te la donne! Un être humain, ça se paie pas...

Une blonde rencontre une copine, avec un perroquet perché sur sa tête.

– Super! dit la copine. Où l'avez-vous trouvé?

– Dans un marché aux puces, répond le perroquet.

C'est une blonde qui, dans un sex-shop, s'adresse au vendeur:

– Bonjour, monsieur, je voudrais ce que vous avez de plus hi-tech comme vibrateur.

Le vendeur lui en montre quelques-uns, mais aucun ne la satisfait.

– J'ai une pièce unique, reprend-il, mais elle va vous coûter les yeux de la tête...

Le vendeur se rend dans l'arrière-boutique, puis revient avec un autre vibrateur.

– Voilà, on l'appelle le vibrateur vaudou. C'est simple: vous prononcez deux fois le mot «vaudou», puis l'endroit où vous le voulez...

La blonde essaie:

– Vaudou, vaudou, ma main... et voilà le vibrateur qui fonce dans sa main! Super, je le prends!

Elle monte dans sa voiture, puis dit:

– Vaudou, vaudou, entre mes jambes!

Et voilà que le vibrateur entreprend de faire ce pour quoi il est fait, mais avec tant de vigueur que la voiture de la blonde fait une embardée. Un policier l'interpelle:

– Alors, mademoiselle, qu'est-ce qui vous arrive?

La blonde répond:

– C'est la faute du vaudou.

Le flic, suspicieux, lance, d'un air entendu:

– Vaudou, vaudou, mon cul, oui!

Comment reconnaît-on une blonde dans une boutique de chaussures?

C'est celle qui essaie les boîtes!

Une blonde entre chez un opticien pour acheter une paire de lunettes de soleil. Devant les dizaines de modèles en étalage, elle hésite. Un vendeur vient à la rescousse et demande:

– C'est pour vous que vous cherchez des lunettes?

– Non, c'est pour le soleil! répond la blonde.

Une blonde fait du magasinage dans une parfumerie; elle en profite pour acheter un déodorant pour son mari. La vendeuse lui demande:

– Il utilise un déodorant à boule?

Et la blonde de répondre:

– Oh non, c'est pour le dessous de ses bras.

Une blonde entre dans un grand magasin et demande de l'aide à un vendeur pour choisir un micro-ondes. Le vendeur refuse et rétorque:

– Ici, on ne sert pas les blondes.

La blonde proteste énergiquement, mais en vain. Elle se rend alors chez le coiffeur et se fait teindre en brune. Elle retourne ensuite dans le même magasin et demande à nouveau conseil pour l'achat d'un micro-ondes.

À nouveau, le vendeur lui répond:

— Pardon, mademoiselle, mais on ne sert pas les blondes ici.

— Mais je ne suis pas blonde, rétorque-t-elle, je suis brune!

— Allons, mademoiselle, vous êtes une fausse brune...

— Mais comment avez-vous fait pour deviner? s'exclame-t-elle.

— Facile, répond le vendeur. Devant vous, ce n'est pas un micro-ondes, c'est un téléviseur!

Alors qu'elle est sollicitée par une œuvre de charité, une blonde, n'ayant pas d'argent sur elle, décide de faire un chèque. Mais comme elle a appris que le don gratuit et celui qui est fait hors de la vue des hommes est le don qui plaît à Dieu, elle ne signe pas son chèque... pour en faire un don anonyme!

Une femme entre dans une boutique de vêtements et s'adresse à la vendeuse:

— Bonjour, mademoiselle. Je voudrais essayer ce costume dans la vitrine.

— Dans la vitrine? s'inquiète la blonde vendeuse! Vous ne préféreriez pas l'essayer dans la cabine...

Deux petites filles, une blonde et une brune, discutent dans la cour de récréation.

– T'as demandé quoi pour Noël? demande la blonde.

– Un GameBoy. Et toi?

– Un Tampax, répond la blonde.

– C'est quoi, ça?

– Je ne sais pas, mais avec ça tu peux faire du cheval, de la gym, du vélo...

Une blonde se précipite vers l'organisatrice de la vente de charité en criant joyeusement:

– Madame, je suis bien contente, j'ai vendu tout ce qu'il y avait dans la pièce à côté!

– Malheureuse, répond la femme, la pièce d'à côté, c'était le vestiaire!

ALIMENT

Pourquoi les blondes font-elles toujours des gâteaux plats?

Parce qu'elles gardent la levure pour la manger et se faire gonfler les seins.

Pourquoi les blondes ne mangent-elles jamais de soupes en sachet?

Parce qu'elles ne savent pas comment mettre la quantité d'eau requise dans le sachet.

Pourquoi les blondes mettent-elles de la glace dans le frigo?

Pour la garder froide.

Comment appelle-t-on une blonde diabétique?

Une tarte au sucre...

Pourquoi est-il inutile de demander à une blonde de nous apporter de la glace pour un verre?

Parce qu'elle ne connaît pas la recette!

Quel est le point commun entre une blonde et une saucisse?
Il faut toutes les deux les chauffer avant d'y goûter.

Quelle est la différence entre une blonde et un beignet?
Il n'y en a pas, les deux ont un trou dans la tête!

Combien faut-il de blondes pour ramasser des noisettes?
Dix: une qui tient le panier et les neuf autres qui écaillent les noix.

Pourquoi les blondes ne mangent-elles jamais de Jell-O?

Parce qu'elles ne se représentent pas comment faire entrer deux tasses d'eau dans le sachet.

Quelle est la différence entre 800 huîtres et 800 blondes?
Dans 800 huîtres, il y a une chance de trouver une perle.

Quelle est la différence entre une blonde au volant d'une voiture et une fraise?

Aucune. Les deux se retrouvent dans un champ!

Que dit une blonde quand elle ouvre une boîte de *Cheerios*?

– Oh! t'as vu les belles graines de beignes!

Quelle est la différence entre une blonde et une pomme de terre?

La pomme de terre, on peut la cultiver!

Quelle est la différence entre une blonde et une pizza?

La pizza, tu peux la prendre sans champignons.

Quelle est la différence entre le beurre qui sort du frigo et une blonde?

Le beurre qui sort du frigo est plus difficile à étendre!

Quelle est la différence entre une blonde et un yaourt?

Au bout d'un certain temps, le yaourt développe une certaine forme de culture.

Pourquoi les blondes ne mangent-elles pas de cornichons?

Parce qu'elles ne sont pas capables d'entrer la tête dans le pot.

Pourquoi les blondes ne mangent-elles jamais de bananes?

Parce qu'elles ne trouvent pas la braguette!

Quelle est la différence entre une blonde et un cornet de crème glacée?

Un cornet ne lèche pas après avoir été léché!

Pourquoi les blondes lèchent-elles toujours leur montre?

Parce qu'on leur a dit qu'un *Tic-Tac* ne comptait que deux calories!

Quelle différence y a-t-il entre une boîte de pâtée pour chat et une blonde?

Dans la pâtée pour chat, il y a au moins un peu de cervelle!

Que dit une blonde lorsqu'elle marche sur un trottoir et qu'elle voit une peau de banane par terre?

– Oh non! je vais encore tomber!

ANIMAUX

Qu'est-ce qu'une blonde fidèle?

Un labrador.

Que fait une blonde lorsqu'elle joue avec son chien?

C'est elle qui va chercher la balle!

Une journaliste blonde décide de faire un reportage sur la maladie de la vache folle; elle part au fin fond de la campagne où, paraît-il, un vieux fermier a trouvé l'origine de cette maladie.

– Bonjour, monsieur.

– Bonjour.

– Il paraît que vous savez pourquoi les vaches attrapent cette terrible maladie.

– Oui.

– ...

– Vous savez, mademoiselle, que l'on présente une fois dans l'année le taureau aux vaches.

– Oui, mais je ne vois pas la relation...

– Vous n'êtes pas sans savoir, non plus, que l'on trait les vaches deux fois par jour.

– Effectivement, mais je ne vois toujours pas la relation.

— Et vous, si on vous pelotait les seins deux fois par jour et qu'on ne vous sautait qu'une fois par an, est-ce que vous ne deviendriez pas folle?

Une blonde se promène dans la rue et rencontre une petite fourmi qui pleure.

La blonde la prend alors dans sa main et lui demande:

— Pourquoi pleures-tu, petite fourmi?

— Parce que c'est ma fête aujourd'hui, et personne ne m'a adressé de vœux.

Alors, la blonde se met à taper des mains tout en chantant:

— Bonne fête, bonne fête, bonne fête, 'tite fourmi!

Deux blondes vivent dans le même appartement et chacune a une souris.

— Ce n'est pas pratique, dit la première, j'arrive pas à distinguer ma souris de la tienne! Tiens! J'ai une idée: je vais lui couper une patte, comme ça, celle à trois pattes sera la mienne!

Aussitôt dit, aussitôt fait! Mais au cours de la nuit, la deuxième souris, peinée pour sa copine, décide de s'automutiler en se rongeant une patte par compassion. Le lendemain, les deux blondes retrouvent donc deux souris à trois pattes.

La blonde, fâchée, en coupe une deuxième. Même manège la nuit suivante: la deuxième souris se ronge une deuxième patte. Et cela continue jusqu'à ce que les deux souris n'aient plus de pattes.

La blonde dit à son amie:

– Eh bien là! on a un problème. Comment va-t-on faire pour les reconnaître?

– Bon, soupire la deuxième blonde, tu n'as qu'à prendre la blanche, et moi la noire!

Une blonde se balade dans la rue avec un canard sous le bras.

Un monsieur lui demande:

– Où l'avez-vous eu?

– Je l'ai gagnée à la fête, répond... le canard!

Le facteur sonne à l'entrée de la maison d'une blonde car il a aperçu des tas d'écriteaux: «Attention au chien.»

– Où est-il, ce chien? demande-t-il à la blonde. Il est donc si terrible que ça?

À ce moment surgit un minuscule chihuahua qui jappe tant qu'il peut.

– Vous comprenez, explique la blonde, j'ai tellement peur qu'on l'écrase!

Une blonde se trouve à côté d'un vétérinaire pendant un dîner. Elle veut lui soutirer une consultation:

– Docteur, j'ai une amour de petite chatte mais elle perd ses poils. Que me conseillez-vous?

– Eh bien! évitez d'abord de faire de la bicyclette!

Deux blondes roulent en cabriolet sur l'autoroute le long du fleuve quand, soudain, un goéland défèque sur le pare-brise. La conductrice dit alors à sa passagère:

— Tu peux l'essuyer, s'il te plaît?

— Désolée, mais il est déjà trop loin!

Deux blondes se baladent sur le bord de l'océan. La première dit à la seconde:

— Oh! regarde, une mouette morte...

L'autre lève la tête vers le ciel et lui répond:

— Où ça? Où ça?

Une blonde teinte en brune se promène dans un champ où se trouve un troupeau de moutons. Elle croise le fermier et lui dit:

— Si je devine combien vous avez de bêtes dans votre troupeau, vous me donnez un mouton?

— D'accord! répond l'homme.

— Vous en avez 112! lance la blonde.

— Bravo, dit le berger, choisissez une bête.

La fausse brune, toute contente, s'en retourne avec son animal lorsque le berger l'interpelle:

— Et moi, si je devine votre vraie couleur de cheveux, vous me rendez mon chien?

Deux blondes attendent à un feu rouge. L'une dit à l'autre:

– Vert.

L'autre rétorque:

– Je ne sais pas… une grenouille?

Quelle est la différence entre une tortue et une blonde?
Aucune. Elles se font toutes avoir quand elles sont sur le dos.

Quelle est la différence entre une blonde et une tortue?
Aucune. Quand tu les mets sur le dos, elles remuent les pattes.

Que dit une blonde à un type qui sort de prison et qui dit: «J'ai tellement envie de baiser que j'irais jusqu'à me taper une vache»?

– Meuh… meuh…

Que dit une blonde lorsqu'elle reçoit une fiente d'oiseau sur la tête?

– Heureusement que les vaches ne volent pas!

Deux blondes trouvent un pingouin dans la rue. Elles s'adressent à un agent de police et lui expliquent la situation. Celui-ci leur suggère alors:

– Vous feriez bien de le déposer au zoo.

Le lendemain, l'agent revoit les deux blondes, toujours accompagnées du pingouin. Il les accoste en leur demandant:

– Vous ne l'avez donc pas emmené au zoo?

– Si, si. Il a adoré. Aujourd'hui, nous l'emmenons au cinéma.

Quelle est la différence entre les blondes et les chiens?

Le prix du collier.

Comment une blonde tue-t-elle un oiseau?

Elle le jette du haut d'une falaise.

Pourquoi offre-t-on des fleurs à une blonde?

Parce qu'une botte de foin, c'est trop gros!

Comment une blonde tue-t-elle un poisson?

Elle le noie.

Quelle est la différence entre une blonde et un moustique?

Le moustique arrête de sucer quand on lui tape sur la tête!

Une blonde et une brune marchent dans la rue. Soudain, la blonde dit à la brune:

– Oh, regarde là-bas, il y a des chevals!

La brune lui répond:

– Ce ne sont pas des «chevals», mais des «chevaux».

La blonde réplique:

– Ah, mais avoue que ça ressemble drôlement à des chevals.

ARGENT

Un juge regarde dans le box des accusés une belle blonde qui pourrait être la sœur jumelle de Pamela Anderson. Elle est accusée de racolage.

– Votre nom est Ginette Swatch? Seriez-vous, par hasard, parente avec le fabricant des montres? demande le juge en esquissant un sourire.

– Pas exactement, votre honneur, répond la blonde. Le nom est le même, le prix est semblable, mais le mouvement est pas mal différent...

Que fait une blonde quand elle trouve 10 $ par terre?

Elle se déshabille et se met à danser.

Quelle est la différence entre une blonde et une machine à boules?

Pour la machine à boules, tu mets une pièce dans la fente et tu joues avec les mains; avec une blonde, tu mets la pièce dans la main.

Une blonde à court d'argent décide de kidnapper un enfant pour se faire de l'argent. Elle va au terrain de jeu, attrape le bras d'un petit garçon et l'emmène derrière un arbre. Elle lui dit:

– Écoute, petit, je t'ai kidnappé, ne pleure pas; si tes parents font ce que je te dis, tout ira bien.

Alors, elle rédige un mot: «Madame, j'ai capturé votre enfant et je veux que demain, vous déposiez un sac contenant 10 000 $ dans le tronc creux au nord du parc. Signé: Une blonde.»

La blonde renvoie le garçon chez lui avec le mot. Le lendemain matin, elle va voir dans le tronc creux au nord du parc. L'argent est là, oui, 10 000 $, avec une note disant: «Comment pouvez-vous faire ça à une autre blonde?»

Que dit une blonde après avoir fait l'amour?

Rien. Elle compte les billets!

ART, CULTURE ET SHOWBIZ

Un journaliste interroge une star blonde du grand écran.

– Mademoiselle, voulez-vous dire un petit bonjour au micro?

– Bonjour au micro, répond la star blonde.

Deux blondes visitent le Louvre à Paris et s'arrêtent devant une superbe statue d'Apollon, dont le seul vêtement est une feuille de vigne posée sur ses parties intimes. Après un long silence, l'une d'elles dit à l'autre:

– Tant pis, on reviendra en automne...

Une blonde va au cinéma, achète son billet à la caisse et pénètre à l'intérieur. Une minute plus tard, elle revient et en achète un autre. Puis, deux minutes après, elle demande encore un autre billet.

– Je ne comprends pas, dit la caissière, je vous en ai déjà vendu trois.

– Je sais, répond la blonde, mais chaque fois que j'entre dans la salle, il y a un gars qui me le déchire.

Une blonde va à l'opéra pour la première fois. Curieuse, elle demande à son compagnon:

– Qui est le grand monsieur qui tourne le dos au public?

– C'est le chef d'orchestre.

– Mais pourquoi menace-t-il avec son bâton la dame qui est sur la scène?

– Il ne la menace pas.

– Ah bon! Alors, pourquoi crie-t-elle?

Pourquoi voit-on les blondes aux fenêtres les soirs d'orage où il y a des éclairs?

Parce qu'elles veulent être sûres d'être sur la photo.

Une blonde et une brune visitent un musée. La blonde dit:

– Regarde comme le tableau est laid.

L'autre lui répond:

– Ce n'est pas un tableau, c'est un miroir.

Une brune et une blonde décident d'aller au cinéma. La brune insiste pour aller voir un film que la blonde a déjà vu, et celle-ci accepte finalement. Vers la fin du film, la blonde dit à son amie:

– Je te parie 10 $ que le type n'entrera pas dans le bar.

– C'est facile, répond la brune, tu as vu la film hier. Enfin bon, si ça peut te faire plaisir, d'accord...

L'acteur entre alors dans le bar et se fait casser la gueule.

La brune dit alors:

– Pourquoi as-tu parié si tu savais que tu allais perdre?

– Bah! comme il s'était déjà fait casser la gueule hier, je ne pensais pas qu'il serait assez bête pour y retourner aujourd'hui.

Un ventriloque présente un spectacle avec sa petite marionnette. Il commence par raconter quelques histoires drôles, puis il enchaîne, par la voix de sa marionnette, sur une série de blagues sur les blondes.

Après quelques blagues, une superbe blonde se lève dans la salle et interpelle le ventriloque.

– Dites donc, je commence à être excédée par ces blagues de mauvais goût envers les blondes. C'est de la discrimination.

Gêné, le ventriloque lui répond:

– Pardonnez-moi, mademoiselle, j'enlèverai ces blagues de mon proch...

La blonde l'interrompt:

– Vous, restez en dehors de tout ça! C'est une histoire entre moi et le nain qui est sur vos genoux....

ASCENSEUR

Un homme et sa femme, blonde, rentrent dans leur immeuble. Alors qu'il doit aller dire un mot au concierge, le mari dit à sa femme:

– S'il te plaît, chérie, appelle l'ascenseur...

La blonde se met alors à appeler:

– Aaaasceennnnnceeeuur...

Son mari, étonné, lui dit:

– Mais non, chérie, avec le doigt!

La blonde:

– Aaaahheeeennnnnheeeur...

Monsieur Lefebvre, monsieur Leduc, le père Noël et une blonde intelligente sont dans un ascenseur. Voilà que survient une panne de courant. Quand l'électricité revient, monsieur Lefebvre est mort. Qui l'a tué?

C'est monsieur Leduc, car tout le monde sait que le père Noël et une blonde intelligente, ça n'existe pas!

Quelle est la différence entre une blonde et un ascenseur?

Aucune. Pas la peine de se presser, il en vient toutes les trois minutes.

AVION

Trois blondes sont dans un avion. Un homme s'approche d'elles et leur dit:

— Je suis un magicien et je peux vous donner tout ce que vous voulez. Pour cela, il suffit que vous sautiez de l'avion et que vous disiez à ce moment-là ce que vous voulez et... vous tomberez dedans!

La première saute et crie:

— Je veux de l'or, de l'or, rien que de l'or!

— Que votre vœu soit exaucé! dit le magicien.

Et la blonde tombe dans de l'or.

La deuxième saute et crie:

— Je veux de beaux hommes, de beaux hommes, rien que de beaux hommes.

— Que votre vœu soit exaucé! dit le magicien.

Et la blonde tombe dans les bras d'une foule de beaux hommes.

La dernière saute à son tour, mais se casse un ongle à l'instant même contre la carlingue de l'avion.

— Merde, crie-t-elle...

Que devez-vous faire pour obtenir le fauteuil d'un avion près du hublot si celui-ci est déjà occupé par une blonde?

Vous lui dites que seuls les sièges de la rangée du milieu vont à destination.

Une blonde monte en avion et s'assoit dans la section première classe. L'hôtesse vient la voir et l'informe qu'elle doit s'asseoir ailleurs car elle a un billet de classe tourisme. La blonde lui rétorque alors:

– Je suis blonde, je suis intelligente, j'ai un bon travail et je reste en première classe jusqu'à ce qu'on arrive en Jamaïque.

L'hôtesse ne sait pas trop quoi faire pour ne pas provoquer d'esclandre, aussi va-t-elle demander de l'aide auprès du copilote. Ce dernier se rend auprès de la blonde, se penche sur elle et lui parle à l'oreille. Immédiatement, elle se lève et se dirige à l'arrière de l'appareil, dans la classe tourisme. L'hôtesse demande alors au copilote ce qu'il a dit à la blonde pour obtenir ce résultat si rapidement. Le copilote lui répond:

– Je lui ai simplement dit que la partie avant de l'avion n'allait pas jusqu'en Jamaïque...

Pourquoi une blonde ne prend-elle jamais de siège près d'un hublot en avion?

Parce qu'elle vient juste de se sécher les cheveux et qu'elle ne veut pas gâcher sa mise en plis!

Une équipe de blondes *cheer leaders* va donner une démonstration aux États-Unis. Dans l'avion, le commandant de bord n'arrête pas de sentir l'avion bouger dans tous les sens. Il appelle l'agente de bord:

– Qu'est-ce qui se passe derrière?

– Oh rien! répond-elle, c'est l'équipe qui s'entraîne...

– Faites ce que vous voulez, mais il faut que ça arrête...

L'agente s'en retourne. Au bout de cinq minutes de calme, le commandant la rappelle et lui demande:

– Que leur avez-vous dit pour obtenir le calme si rapidement?

– Je leur ai dit d'aller s'entraîner dehors...

Quel est le point commun entre un avion et une fausse blonde?

C'est la boîte noire qui dit la vérité!

Quelle est la différence entre une blonde et un 747?

Tout le monde n'est pas monté dans un 747.

Une blonde et une brune se promènent sur le trottoir. La blonde lève les yeux au ciel et dit à sa copine:

– Regarde, une avion!

Sa copine la corrige aussitôt:

– Ce n'est pas une avion, c'est un avion.

La blonde la regarde et lui dit:

– Eh bien! t'as de bons yeux pour voir ça.

Comment fait-on pour reconnaître les blondes dans un aéro-port?

Ce sont les seules qui donnent à manger aux avions.

BEAUTÉ ET CHARME

Comment fait-on pour tuer une blonde?

Il suffit de jeter son rouge à lèvres sur une autoroute.

Quelle idée une blonde se fait-elle de la procréation naturelle?

C'est quand on ne met pas de maquillage.

Deux blondes sous la douche:

– Passe-moi un autre shampoing, s'il te plaît.

– T'en as un à côté de toi.

– Je sais, mais celui-là c'est pour cheveux secs et j'ai les cheveux mouillés!

Une blonde se promène et croise un miroir. Elle pense alors: «J'ai déjà vu ce visage quelque part, je suis presque certaine que je le connais.»

Après un moment de réflexion, elle s'exclame:

– Ah, je sais! C'est l'idiote qui me fixait chez le coiffeur!

Pourquoi les blondes se sauvent-elles en courant après s'être donné un shampoing?

Parce que, sur la bouteille de shampoing, il est écrit: «Wash and go!»

Que dit une blonde qui tient un miroir dans ses mains?

– C'est curieux, ce visage ne m'est pas inconnu...

Et que lui répond son amie blonde en saisissant l'objet?

– Pas étonnant, c'est moi...

Pourquoi les blondes se mettent-elles maintenant du vert à lèvres?

Parce que le rouge, ça veut dire stop.

Que se mettent les blondes derrière les oreilles pour être plus attirantes?

Les chevilles.

BÉBÉ

Une fille vient d'avoir des triplés. Son amie blonde lui demande comment c'est arrivé.

— Oh! ne me le demande pas, la seule chose que je sais, c'est que ça arrive une fois sur 200 000.

— 200 000! Wow! Je ne sais pas où tu trouves le temps pour t'occuper de la maison.

Pourquoi les blondes ne nourrissent-elles jamais leur bébé au sein?

Parce que ça fait trop mal quand elles font bouillir les tétons.

Une blonde a accouché de deux beaux bébés, des jumeaux. Cependant, elle pleure à n'en plus finir! L'infirmière lui dit alors:

— Mais voyons, madame! Pourquoi pleurez-vous? Vous êtes maintenant mère de deux beaux bébés en pleine santé.

— Je sais, répond la blonde, mais je ne sais pas qui est le père du deuxième.

Pourquoi les mamans blondes ne changent-elles les couches de leur bébé que tous les mois?

Parce qu'il est écrit sur l'emballage: «Jusqu'à 20 kg».

Que fait une blonde quand l'eau du bain de son bébé est bouillante?

Elle met des gants.

Que dit une blonde après avoir accouché?

– Êtes-vous sûr que c'est le mien?

BRUNE

Pourquoi les brunes se teignent-elles souvent en blonde?

Pour avoir une excuse.

Pourquoi les brunes racontent-elles toujours des blagues sur les blondes alors qu'elles sont trop idiotes pour les comprendre?

Pour avoir l'air intelligentes.

Qu'est-ce qu'une brune teinte en blonde?

Une lobotomie.

Qu'est-ce qu'une blonde teinte en brune?

Une intelligence artificielle.

Quelle est la différence entre une brune et une blonde?

La brune a le *Petit Larousse* dans la tête; la blonde a le gros Robert... ailleurs!

Pourquoi y a-t-il plus de femmes brunes que de femmes blondes qui possèdent un permis de conduire?

Parce que, dans une voiture, les blondes ne connaissent que la banquette arrière.

Qu'est-ce qu'une blonde entre deux brunes?
Un blocage mental.

Qu'est-ce qu'une brune entre deux blondes?
Une tranche d'intelligence.

Qu'est-ce qu'une brune entre deux blondes?
Une interprète.

Qu'est ce qu'une brune avec une mèche blonde?
Le début de la connerie.

Pourquoi les blagues sur les blondes sont-elles toujours aussi courtes?

C'est pour que les brunes les comprennent.

Qu'est ce qu'une blonde avec une mèche brune?

Une lueur d'espoir.

Pourquoi Dieu a-t-il créé les blondes?

Parce que les chiens ne pouvaient pas aller chercher les bières dans le frigo.

Pourquoi a-il créé les brunes, alors?

Parce ce qu'il s'est aperçu que les blondes n'y arrivaient pas non plus!

Qu'est-ce qu'une brune avec une blonde?

Une interprète.

CERVEAU

Que fait une blonde lorsqu'on lui donne un éventail?

Elle bouge la tête.

Qu'est-ce qu'une blonde avec un cerveau?

Un prototype.

Pourquoi Dieu a-t-il fait les blondes si belles?

Pour se faire pardonner d'avoir oublié de leur donner un cerveau.

Qu'est-ce qu'un microbe dans la tête d'une blonde?

Un envahisseur de l'espace.

Qu'est-ce qu'une mouche dans le crâne d'une blonde?

Un envahisseur de l'espace (bis)!

Pourquoi les blondes ne peuvent-elles pas se brûler la cervelle?

Parce que le vide est incombustible.

Pourquoi la statue de la Liberté, si elle avait eu des cheveux, aurait-elle été blonde?

Parce qu'il fallait de la place dans la tête pour faire le restaurant.

Qu'est-ce qu'une blonde avec un demi-cerveau?

Une surdouée.

Un neurone se balade dans la tête d'une blonde; il en rencontre un autre: que lui dit-il?

— Mais qu'est-ce que tu fais là, toi?

Quelle est la différence entre une blonde et une prison?

La prison a des cellules grises.

Quelle est la plus petite prison d'une blonde?

Son cerveau, car il n'y a qu'une cellule.

Qu'est-ce qu'une blonde qui a ses règles?

Une blonde qui a une hémorragie cérébrale.

Chez Mattel, la Barbie brune est sortie! Elle est cependant un peu plus chère que la blonde parce qu'elle a... un cerveau.

Un homme marche dans la rue et passe à côté d'une splendide jeune blonde. Cinq ou six mètres plus loin, convaincu de la connaître, il fait demi-tour, la rattrape et lui dit:

— Excusez-moi, mademoiselle, mais j'ai l'impression de vous connaître.

La femme le regarde tendrement et lui dit:

— Mais, Jean, tu ne me reconnais pas? C'est moi, Michel.

— Michel? Tu es une femme?

— Eh oui! j'ai toujours voulu en devenir une, alors j'ai fait ce qu'il fallait.

Jean, médusé, lui demande:

— Mais... et tes seins?

— Bien, tu sais, maintenant, avec la chirurgie... le silicone, et voilà!

— Mais alors, tu n'as plus de pénis?

Michel, un peu énervé, répond:

– Allons donc, Jean! Maintenant, j'ai ce qu'il faut à la place et c'est très bien comme ça...

Là, Jean est abasourdi; il finit tout de même par lui demander:

– Mais, ça ne t'a pas fait mal, toutes ces opérations?

– Oh! tu sais, comme je voulais être blonde, le plus dur, ça a été quand ils ont dû m'enlever la moitié du cerveau!

Quelle est la différence entre une blonde et un beignet?

Il n'y en a pas, les deux ont un trou dans la tête.

Comment fait-on pour qu'une blonde change d'idée?

On lui souffle dans l'oreille!

Comment apercevoir un éclair de génie dans l'œil d'une blonde?

En lui mettant une lampe de poche dans l'oreille!

Comment fait-on briller les yeux d'une blonde?

En éclairant son oreille avec une lampe de poche.

Qu'est ce qu'un grain de beauté sur la fesse d'une blonde?
Une tumeur au cerveau.

Que voit-on dans les yeux d'une blonde?
Le fond de son crâne.

Pourquoi les blondes ont-elles les yeux bleus?
Parce qu'elles ont la tête pleine d'eau.

Pourquoi les blondes sont-elles immunisées contre la maladie de la vache folle?
Parce que ça affecte seulement le cerveau.

Qu'est-ce qu'une blonde avec deux neurones?
Une blonde enceinte.

CUISINE

Pourquoi les blondes ne doublent-elles jamais les ingrédients d'une recette?

Parce qu'aucun four ne se rend à 700 ºC.

Pourquoi les blondes ne pourront-elles jamais faire de glaçons?

Parce qu'elles ne se souviennent pas de la recette.

Comment appelle-t-on plusieurs blondes qui se baignent dans une piscine?

Une soupe aux légumes!

Comment rendre une blonde plus heureuse?

En agrandissant sa cuisine.

Pourquoi une blonde reste-t-elle deux heures devant son jus d'orange sans y toucher?

Parce qu'il est écrit sur l'emballage: «Concentré.»

Quelle est la différence entre une blonde et une poêle à frire?

Vous devez les réchauffer toutes les deux avant d'y mettre une saucisse!

Comment peut-on donner davantage de liberté à une blonde?

En agrandissant sa cuisine.

Comment font dix blondes pour faire une mousse au chocolat?

Une lit la recette, pendant que les autres épluchent des «Smarties»!

DOCTEUR ET MÉDECIN

Une blonde sort de chez le médecin et s'interroge:

– Sagittaire ou Verseau? Sagittaire ou Verseau? Sagittaire ou Verseau?

Finalement, elle retourne chez son médecin et lui demande:

– Pardon, docteur, c'était quoi déjà le nom de la maladie?

Le médecin répond:

– Cancer, mademoiselle, cancer...

Une blonde se rend chez le médecin.

– Docteur, j'avais tellement froid hier soir, j'avais tellement de frissons. Je suis certaine d'avoir attrapé la grippe.

– Avez-vous claqué des dents?

– Je pense que oui. Mon petit ami est encore couché dans le lit, plié en deux...

Très inquiète, une blonde va consulter son médecin.

– Docteur, chaque fois que je bois un café, j'ai une douleur intense à l'œil gauche.

– Ce n'est rien. Pensez seulement à enlever la petite cuillère!

Une blonde s'adresse à son médecin.

– Docteur, c'est terrible, je perds la mémoire!

– Depuis quand?

– Depuis quand, quoi?

Un médecin s'adresse à une blonde.

– J'ai deux mauvaises nouvelles. La première: vous avez un herpès génital; la seconde: vous perdez la mémoire.

La blonde répond:

– Encore une chance que je n'aie pas attrapé un herpès...

Un médecin dit à sa jeune patiente, une blonde:

– Votre chirurgien a fait du beau travail, votre cicatrice de l'appendicite ne se remarque vraiment pas!

– Je sais, répond la blonde, tous les amis de mon mari me le disent!

Une blonde à son médecin:

– Docteur, aidez-moi: chaque fois que j'éternue, j'ai un orgasme!

– Bien, et vous prenez quelque chose pour vous soulager?

– Oui… du poivre!

Une blonde à son psychiatre:

– Docteur, on a calculé que j'avais un quotient intellectuel de 52 et je ne comprends vraiment pas pourquoi...

À l'hôpital, une belle jeune blonde attend dans le couloir sur sa civière avant d'être conduite au bloc opératoire pour subir une petite intervention. Elle s'inquiète un peu quand même, d'autant plus que l'heure tourne. Un type en blouse blanche s'approche, relève le drap qui la recouvre et examine son corps nu; il rabat le drap, s'éloigne vers d'autres blouses blanches et discute. Un deuxième, aussi en blouse blanche, s'approche, relève le drap et l'examine. Puis il repart. Quand la troisième blouse blanche approche, lève le drap et la scrute, la jeune femme s'impatiente:

– C'est bien beau toutes ces auscultations, mais quand allez-vous m'opérer?

L'homme en blouse blanche hausse les épaules et répond:

– Je n'en ai aucune idée; nous, on repeint le couloir...

Que fait une blonde quand ses Tupperware sont usés?

Elle rend visite à son chirurgien plastique!

La blonde à son médecin:

– Docteur, je crois que j'ai attrapé la grippe espagnole.

– Comment savez-vous que c'est la grippe espagnole?

– Eh bien! répond la blonde, mes dents claquent comme des castagnettes!

Une brune va voir son médecin et lui dit:

– Docteur, vous m'avez greffé des oreilles de blonde.

– Mais comment le savez-vous? demande le médecin, étonné.

– Eh bien! j'entends tout, mais je ne comprends rien...

Que dit une blonde quand elle apprend qu'elle est enceinte?

– Dites, docteur, vous êtes sûr qu'il est de moi?

Une blonde vient d'être opérée par son chirurgien.

– Docteur, quand vais-je pouvoir reprendre ma vie sexuelle?

– C'est bien la première fois qu'on me pose cette question après une opération des amygdales...

Une blonde téléphone à son gynécologue.

– Docteur, n'aurais-je pas oublié mon slip chez vous?

Il va voir et lui dit:

– Non, mademoiselle, ce n'est pas chez moi!

La blonde répond candidement:

– Ah bon! alors, il est sûrement chez mon dentiste.

Une blonde arrive chez le médecin.

– Docteur, chaque fois que je suis seule dans une pièce avec un homme, j'éprouve une irrésistible envie de faire l'amour avec lui... Est-ce que ça porte un nom?

– Mais bien sûr, mademoiselle, répond le médecin en dégrafant sa ceinture, ça s'appelle une excellente nouvelle!

EAU

Pourquoi les blondes vont-elles se coucher avec un verre d'eau vide et un plein?

Parce que parfois elles ont soif, et parfois pas.

Comment peut-on noyer une blonde?

En plaçant un miroir au fond de l'eau.

Quelle est la meilleure façon de noyer une blonde?

En lui demandant d'aller sentir les fleurs au fond de la piscine.

Pourquoi les blondes nagent-elles à reculons?

Pour ne pas avoir d'eau dans les yeux.

Que dit une blonde à son petit ami, à la piscine?

– C'est vrai que si tu retires ton doigt, je coule?

ÉCOLE ET ÉTUDES

Pourquoi les étudiantes blondes ont-elles une boîte à lunch transparente?

Pour savoir si elles s'en vont à l'école ou si elles en reviennent.

Dans une classe de blondes, le professeur demande:

– Quel est le grand pays oriental, communiste, qui compte plus d'un milliard d'habitants?

N'obtenant pas de réponse, il s'énerve:

– Allons, c'est la Chine. Vous devriez toutes savoir cela! Et l'autre grand pays, occidental, lui...

Une main se lève timidement.

– Oui, Marie?

– C'est l'Amérique?

– Bravo, Marie! Et qui a découvert l'Amérique? demande le prof.

Alors toutes les autres blondes lèvent la main:

– C'est Marie, c'est Marie...

Diane, une petit écolière blonde, rentre de l'école, toute contente. Elle dit à sa mère:

– Je suis la seule à ne pas avoir eu un zéro. La maîtresse a dit:
«Marie: 0, Louise: 0 et Diane: idem.

Qu'est-ce qui est long et dur pour une blonde?

Le collège.

Qu'est-ce qu'une blonde dans une faculté de biologie?

Un cobaye.

À la rentrée des classes, deux petites filles, une brunette et une blonde, sont assises l'une à côté de l'autre. Pendant la récréation, elles cherchent à faire connaissance.

– Toi, ton papa, il fait quoi? demande la brune.

– Mon papa est photographe et ma maman est secrétaire. Et toi?

– Moi, mon père est chirurgien et ma maman, banquière, répond la brune. Et t'as des frères et sœurs?

– Un frère et une demi-sœur.

La brune, un peu gênée:

– Ah! Tes parents sont divorcés?

– Non, répond la blonde, mais ma sœur n'a plus de jambes!

Une blonde se présente dans une école de langues.

– Je voudrais apprendre le chinois, en accéléré.

– Pourquoi «en accéléré»?

– Parce que je viens d'adopter un petit Chinois d'un an et que, dans quelques mois, quand il va commencer à parler, je voudrais bien comprendre ce qu'il dira.

C'est une blonde qui est en première année à l'école. Le premier soir, en rentrant à la maison, elle dit:

– Maman, maman, aujourd'hui on a appris à compter. Les autres filles ne comptent que jusqu'à 3, mais moi, regarde: 1, 2, 3, 4, 5, 6, 7, 8, 9, 10. C'est bien, hein, maman? C'est parce que je suis blonde?

La mère lui répond:

– Mais oui, ma fille, mais oui...

Le lendemain, en rentrant à la maison, elle dit encore à sa mère:

– Maman, maman, aujourd'hui on a appris l'alphabet. Les autres filles ne se souviennent que jusqu'à «e», mais moi, regarde: a, b, c, d, e, f, g, h, i, j, k, l, m, n, o. C'est bien, hein, maman? C'est parce que je suis blonde?

La mère lui répond:

– Mais oui, ma fille, mais oui...

Le jour suivant, la classe va à la piscine. La fille rentre le soir.

– Maman, maman, les autres filles de la classe, elles ont toutes une petite poitrine, et moi tu sais comment je suis faite, j'ai 38 C! C'est parce que je suis blonde, maman, hein?

– Non, ma fille, c'est parce que tu as 18 ans!

Une blonde et une brune sont en troisième année du primaire; laquelle est la mieux faite?

La blonde, parce qu'elle a 16 ans!

À la sortie de l'école primaire, un petit garçon raccompagne une petite fille blonde et lui dit:

– Tu sais, je suis amoureux de toi. Tu es la première fille pour qui je ressens des choses...

La petite fille soupire:

– Décidément, je n'ai pas de chance! Je tombe toujours sur des puceaux!

Comment appelle-t-on une blonde dans une université?
Une femme de ménage.

Comment appelle-t-on une blonde dans une université?
Une touriste.

ÉLECTRICITÉ

Combien faut-il de blondes pour changer une ampoule?

Aucune. Le temps qu'elles comprennent comment procéder, il fera déjà jour.

Combien faut-il de blondes pour changer une ampoule brûlée?

Cinq. Une qui tient l'ampoule et quatre autres pour tourner la table.

Combien faut-il de blondes pour changer une ampoule électrique brûlée?

Deux. Une qui tient le «Diet Coke» et l'autre qui va chercher le voisin!

Qu'est-ce qui est noir, crépu et collé au plafond?

Une blonde électricienne.

Pourquoi une blonde est-elle restée coincée trois heures dans un escalier roulant.

Parce qu'il y avait une panne d'électricité.

Combien faut-il de blondes pour changer une ampoule élec-trique?

Aucune. Elles s'assoient dans le noir et attendent qu'un homme le fasse.

EMBAUCHE ET TRAVAIL

Que répond une blonde à la question «Sexe» sur un formulaire?

Souvent.

Une blonde arrive à une entrevue d'embauche.

L'employeur lui demande:

– Diplômes?

La blonde de répondre:

– Ben... plômes!

Une blonde se présente à une entrevue d'embauche pour un poste d'hôtesse d'accueil dans une des plus grandes brasseries de Montréal. L'homme qui la reçoit lui demande:

– Quel âge avez-vous?

La blonde compte sur ses doigts, puis répond:

– 22 ans.

– Et quelle est votre taille?

La blonde s'empare d'une règle sur le bureau devant elle et essaie tant bien que mal de se mesurer, puis répond:

– 1 m 75.

– Et comment vous appelez-vous?

Là, la blonde se concentre du mieux qu'elle peut, ferme les yeux, respire de plus en plus fort, bouge la tête de droite à gauche pendant une bonne quinzaine de secondes et répond:

– Sophie.

– Écoutez, mademoiselle, j'admets que vous ne reteniez pas votre taille; en ce qui concerne l'âge, ça passe aussi. Mais pourquoi tout ce temps pour retrouver votre prénom? Comment cela se fait-il?

– C'est simple. J'essayais de me souvenir des paroles: «Happy birthday to you, Happy birthday to you, Happy birthday to you, Sophie.»

Un chef d'entreprise recrute une secrétaire. Il reçoit trois candidatures: une blonde, une brune, une rousse.

Leur curriculum vitæ ne permettant à aucune de se démarquer, l'employeur décide de leur poser séparément la même question: Combien y a-t-il de T dans «Mission impossible»?

La brune répond:

– Aucun T.

La rousse répond:

– Aucun T.

À sa grande surprise, la blonde lui répond:

– 362.

Désemparé, il lui demande:

– Mais comment arrivez-vous à ce chiffre, mademoiselle?

Et la blonde de se mettre à fredonner l'air de la trame musicale de la série:

– Tata-ta-tat-ta,ta-ta-ta-ta...

Quel est le comble du courage pour une blonde?

Travailler alors qu'elle ne sait rien faire.

Pourquoi ne devrait-on jamais accorder de pause-café à une blonde?

Parce que ça lui prend ensuite trop de temps pour réapprendre son travail!

Une secrétaire blonde demande à son patron:

– Monsieur, est-ce que mon salaire est proportionnel à mon intelligence?

– Allons, mademoiselle, répond le patron, je ne vais tout de même pas vous laisser mourir de faim!

Comment savoir si une télécopie a été envoyée par une blonde?

Il y a un timbre dessus.

Une blonde va se renseigner pour s'engager dans un métier non traditionnel, dans la marine.

– Vous savez nager? lui demande-t-on.

– Pourquoi? Il n'y a pas de bateau?

Quelle est la différence entre une blonde et une bénéficiaire de l'assurance-emploi?

La bénéficiaire de l'assurance-emploi a déjà travaillé, elle!

Savez-vous pourquoi une blonde ne regarde pas par la fenêtre le matin?

C'est pour se garder du travail pour l'après-midi!

Une blonde se présente à une entrevue d'embauche. L'homme qui la reçoit lui précise d'entrée de jeu:

– Ce que nous cherchons avant tout, c'est quelqu'un de responsable.

– Alors là, vous ne pouvez pas tomber mieux, s'exclame la blonde. Dans tous mes postes précédents, chaque fois qu'il se passait quelque chose, on disait que c'était moi!

Trois blondes veulent passer l'examen d'entrée de la police. Le commissaire arrive.

– Mesdemoiselles, vous allez passer dans mon bureau une par une afin de faire le test.

La première blonde entre dans le bureau, et le commissaire lui présente une photo.

– Que pouvez-vous me dire de cette photo?

– C'est un homme!

– Oui, mais encore?

Au bout d'une dizaine de minutes, elle précise:

– Il n'a qu'un œil...

– C'est normal, souligne le commissaire, la photo a été prise de profil!

Il fait entrer la deuxième blonde, lui présente la même photo et lui pose la même question.

Après une bonne demi-heure de réflexion, elle répond:

– Il n'a qu'une oreille!

C'est normal, reprend le commissaire, la photo a été prise de profil.

La dernière blonde entre dans le bureau; le commissaire, désespéré, lui présente la même photo et lui pose la même question.

La blonde regarde la photo; après une bonne heure de cogitation, elle s'exclame:

– Il porte des verres de contact!

Le commissaire n'en revient pas! Il consulte ses fiches et, effectivement, le type sur la photo porte bien des verres de contact! Le commissaire demande alors à la blonde comment elle a fait pour arriver à cette conclusion.

– Eh bien! vous savez, répond-elle, avec un seul œil et une seule oreille, il ne mettra tout de même pas des lunettes!

Pourquoi les blondes ont-elles souvent de la gomme à mâcher dans les cheveux?

Parce que même les patrons collent leur gomme sous le bureau.

Pourquoi une blonde a-t-elle été renvoyée d'une usine de M&M?

Parce qu'elle jetait tous les W&W.

Une blonde boit une bouteille de Coke. Elle lit sur l'étiquette de la bouteille: «Regardez sous la capsule.» Elle y regarde donc et c'est écrit: «Meilleure chance la prochaine fois, essayez encore». Elle remet alors la capsule en place, puis l'ouvre à nouveau...

Une blonde entre dans le bureau de son patron et lui dit:

– Monsieur, ça va faire huit ans que je suis votre secrétaire et je ne vous ai jamais demandé d'augmentation.

– Non, non, l'interrompt le patron, ce n'est pas tout à fait ça! C'est parce que vous ne m'avez jamais demandé d'augmentation que ça fait huit ans que vous êtes ma secrétaire.

Deux groupes de *cheer leaders* s'affrontent: les brunes et les blondes. Les brunes commencent leur démonstration.

– Brunes, brunes, brunes, nous sommes les meilleures, les plus intelligentes, B-R-U-N-E-S, nous sommes les meilleures, wow!

Vient le tour des blondes.

– Blondes, blondes, blondes, c'est nous les meilleures: B-L-O... euh... blondes, blondes, blondes.

Une brune, une rousse et une blonde ont remporté un concours organisé par la NASA, dont le prix consiste en un voyage de leur choix dans l'espace. La brune choisit la Lune; la rousse, Mars. La blonde reste muette.

– Et vous, mademoiselle? lui demande le promoteur.

– Moi, j'ai toujours rêvé d'aller sur le soleil...

– Enfin, mademoiselle, c'est impossible. On ne peut pas approcher le soleil, vous allez brûler...

– Oh, ça va, ça va, réplique-t-elle, je ne suis pas idiote: j'y vais la nuit!

Deux blondes discutent.

– Tiens, aujourd'hui, je viens de faire un test de grossesse.

– Ah oui? Et les questions, elles n'étaient pas trop difficiles?

Pour un test oral, le directeur d'une entreprise demande à une blonde:

– Mademoiselle, donnez-moi le nom d'un mammifère volant.

– Euh… une hôtesse de l'air?

Le président d'une entreprise convoque son directeur.

– Je vous avais pourtant bien demandé de renvoyer cette secrétaire blonde.

– Oui, monsieur, je sais… à cause de son manque de mémoire.

– Et alors?

– Je l'ai renvoyée. Seulement, elle a dû oublier qu'on l'avait mise à la porte. Alors, elle est revenue ce matin…

Après de longues, très longues études de droit, une blonde ouvre son cabinet d'avocate; lors de son premier jour de service, elle entend frapper à la porte. Pour impressionner le nouveau venu, elle lui demande d'attendre un instant alors qu'elle saisit son téléphone. Elle reste ainsi une demi-heure, faisant semblant de répondre à un appel:

– Oui, bien sûr! Je ne laisserai pas tomber! Cette affaire me semble d'ailleurs assez simple. En effet, je suis persuadée que lors de son prochain jugement, le juge nous donnera raison, nous donnera une sentence favorable et nous gagnerons!

Elle reste ainsi pendue au bout du fil. Après avoir raccroché, elle se tourne vers le nouveau venu et lui demande, d'une voix posée:

— Eh bien! jeune homme, que puis-je faire pour vous?

— Je viens installer votre ligne téléphonique.

Pourquoi les blondes échouent-elles à l'examen du permis de conduire?

Parce qu'elles n'utilisent que la banquette arrière.

Quelles sont les six années les plus difficiles de la vie d'une blonde?

Les années du primaire.

FELLATION

Une blonde est en voyage en Turquie et se rend au comptoir de la compagnie de téléphone locale pour tenter de joindre sa mère. Le préposé lui annonce que cet appel lui coûtera 400 $.

– Je n'ai pas cet argent, s'écrie la blonde, mais je ferais n'importe quoi pour joindre ma mère!

– N'importe quoi? Vraiment? demande le préposé.

– Oui, n'importe quoi!

L'homme regarde la blonde et lui fait signe de le suivre dans un petit bureau. Elle obéit.

– Mets-toi à genoux, dit l'homme.

Elle obéit de nouveau.

– Ouvre mon pantalon.

La blonde fait ce que l'homme lui demande.

– Maintenant, sors mon sexe et prends-le dans tes mains.

La blonde s'exécute et saisit le sexe de l'homme à deux mains, puis attend la suite...

– Eh bien! vas-y, c'est le moment.

La blonde sourit, approche sa bouche, puis dit:

– Allô, maman?

Quelle est la différence entre une blonde et une moto?

La moto, c'est une «Suzuki»; la blonde, une suce kiki!

Comment appelle-t-on une blonde qui refuse de faire des fellations?

Une fausse blonde.

Comment appelle-t-on une blonde qui refuse de faire des fellations?

On ne l'appelle pas.

Le médecin demande à sa patiente blonde de lui montrer ses organes génitaux; elle ouvre immédiatement la bouche...

Pourquoi les blondes n'aiment-elles pas les vibrateurs?

Parce que ça fait mal aux dents.

Pourquoi les blondes ont-elles un front?

Pour qu'on puisse les embrasser après une bonne pipe.

Quelle est la chose la plus intelligente qui ait pu sortir de la bouche d'une blonde?

Le pénis d'Einstein.

Quelle est la différence entre une blonde et un moustique?

Le moustique arrête de sucer quand on lui tape sur la tête.

Quel est le proverbe préféré des blondes?

Sodomie du soir, repos des mâchoires. Pipe du matin, repos du vagin.

FRIGO

Pourquoi une blonde met-elle des bouteilles vides au frigo?

Pour les invités qui n'ont pas soif.

Quelle est la différence entre le beurre qui sort du frigo et une blonde?

Le beurre qui sort du frigo est plus difficile à étendre.

À quoi reconnaît-on qu'une blonde est passée dans le frigo?

Au rouge à lèvres sur les concombres.

À quoi reconnaît-on qu'une blonde est passée dans le rayon des légumes au supermarché?

Au rouge à lèvres sur les concombres.

(BON) GÉNIE

Une brune, une rousse et une blonde, affamées, désespérées et déshydratées, se retrouvent sur une île déserte. Elles ne rêvent qu'à rentrer chez elles. Voilà justement que l'une d'elles trouve une lampe magique de laquelle sort un génie.

– Je peux vous exaucer chacune un vœu, dit-il.

– J'aimerais me retrouver chez moi, dit la brune.

Le génie exauce son vœu, et la brune se retrouve alors chez elle.

– J'aimerais aussi être chez moi, mais avec mon fiancé.

Le génie lui accorde son souhait, et la rousse se retrouve alors chez elle avec son chéri.

– Je me sens seule, dit la blonde, ramène-moi mes deux copines...

Un homme qui souffre du mal de mer et du mal de l'air trouve une lampe magique sur une île déserte. Il la frotte, et voilà qu'en sort un génie qui lui donne droit à un vœu, un seul.

– Je voudrais que tu me construises une autoroute qui relie Paris à New York, dit l'homme.

– Ah! mais c'est impossible, ça, se lamente le génie. Demande-moi autre chose...

L'homme réfléchit quelques instants, puis dit:

– Je voudrais alors une blonde très sexy et très intelligente...

C'est au tour du génie de plonger dans la réflexion. Puis, l'air déterminé, il dit enfin à l'homme:

– Bon, et ton autoroute, tu la veux à combien de voies?

Trois blondes se baladent le long de la plage. L'une d'elles bute contre une bouteille avec son pied, et de la bouteille émerge un génie qui leur promet d'exaucer un vœu pour chacune d'entre elles.

La première dit:

– J'aimerais être intelligente.

Alors, le génie la transforme en rousse.

La deuxième dit:

– J'aimerais être plus intelligente qu'elle.

Alors, le génie la transforme en brune.

La troisième dit:

– Eh! Je veux être plus intelligente qu'elles deux!

Alors, le génie la transforme en homme.

GROSSESSE

Une brune discute avec une blonde, enceinte, et lui demande:

– Et t'es enceinte de combien?

La blonde lui répond:

– Je ne sais pas trop, ils étaient tout un groupe et je ne les ai pas comptés...

Une jeune blonde annonce à son père:

– Papa, il faut que je te dise: je suis enceinte!

– Mais où avais-tu donc la tête?

– Sur le tableau de bord de l'auto!

Une blonde descend en courant de sa chambre, tout affolée, et dit à sa copine, entre deux sanglots:

– Je suis enceinte, je suis enceinte! Les piles de mon vibro-masseur ont coulé.

Une blonde est sur le point d'accoucher. Son mari, à côté d'elle, lui tient la main. La blonde souffre et pousse de petits gémissements.

— C'est ma faute, c'est ma faute, s'exclame l'homme.

— Mais non, mais non! lui répond la blonde...

Deux brunes et une blonde sont dans la même chambre à la maternité. Elles discutent en attendant d'aller en salle d'accouchement. La première brune dit:

— Moi, ce sera une fille parce que quand on l'a conçue, j'étais sur le dos.

La seconde brune rétorque:

— Moi, ce sera un garçon, car à ce moment-là j'étais au-dessus.

La blonde fond alors en larmes en gémissant:

— Oh non! Alors, je vais avoir un chiot?

Une blonde accouche d'un bébé. La sage-femme regarde avec sa lampe et dit:

— J'en vois un autre, vous allez avoir des jumeaux!

En effet, un deuxième bébé sort. La sage-femme regarde encore avec sa lampe et dit:

— Madame, vous allez avoir des triplés...

Et le troisième bébé naît. Elle continue à regarder, mais la blonde lui dit:

— Éteignez cette lampe, vous voyez bien que vous les attirez!

Une jeune blonde très mince monte dans un autobus où une place est réservée aux femmes enceintes. Elle demande au type qui y est assis de la lui laisser.

– Pourquoi? Vous êtes enceinte, vous?

– Oui, monsieur!

– Depuis combien de temps?

– Cela fait un quart d'heure...

HANDICAP

Une blonde circule en voiture à Montréal et cherche un endroit pour se garer. Elle en trouve finalement un et, même si c'est un espace réservé aux handicapés, comme elle ne connaît pas bien les panneaux de signalisation, elle s'y gare. Un policier qui flâne dans les parages accourt immédiatement vers elle pour lui remettre une contravention. Il toque au carreau; la blonde ouvre la fenêtre et dit:

— Est-ce qu'il y a un problème, monsieur l'agent?

Aussitôt que le policier voit que c'est une blonde, il répond, penaud:

— Non... non... C'est bon, excusez-moi, vous pouvez vous garer.

Quel est l'avantage d'avoir une blonde comme passagère en voiture?

On peut stationner dans un emplacement réservé aux handicapés!

Un aveugle entre par mégarde dans un bar de lesbiennes. Arrivé au comptoir, il lance:

— Tiens, j'en ai une bonne sur les blondes...

À ce moment, sa voisine l'interrompt:

– Je vous arrête tout de suite, je pense que vous devriez savoir que la barmaid est blonde, que sa copine est blonde et que moi, je pèse 90 kg, mesure 1 m 80, et je suis blonde également. Tout comme ma copine assise de l'autre côté. Vous voulez toujours raconter votre blague?

Et l'aveugle répond:

– Ah non! il faudrait que je l'explique quatre fois et je n'ai pas le temps...

INCLASSABLES

Qu'ont en commun une blonde et une paire de pantoufles?

On est bien dedans, mais on n'ose pas sortir avec...

Une nouvelle peinture vient de faire son apparition sur le marché: la peinture blonde. Elle est épaisse, pas brillante, mais elle s'étend bien.

Quelle est la différence entre une blonde et une brosse à dents?

On ne prête quand même pas sa brosse à dents à ses copains!

Pourquoi, dans une piscine publique, peut-on voir des blondes assises tout le long des rebords?

Parce qu'elles sont idiotes sur les bords!

Quelle est la différence entre une blonde et une grenouille?

Le «gre»!

Panne de courant dans un grand magasin.

Une blonde est restée bloquée toute une journée dans un escalier mobile!

Pourquoi une blonde rigole-t-elle toujours après une blague sur les blondes?

Parce qu'elle ne sait pas qu'on parle d'elle.

Comment une blonde fait-elle pour faire un double de ses clefs?

Elle les photocopie.

Pourquoi les blondes ont-elles toujours les cheveux mouillés au moment d'aller se coucher?

Parce qu'elles font la bise à leur poisson rouge pour lui souhaiter bonne nuit.

Comment fait-on pour savoir si une blonde nous a envoyé un courriel?

Il y a son ordinateur dans notre boîte aux lettres.

Qu'est-ce qu'une blonde avec une pomme sur la tête?

Une tarte aux pommes.

Quelle différence y a-t-il entre une blonde et une cabine téléphonique?

On ne tient qu'à deux dans la cabine téléphonique.

Qu'ont en commun une blonde et un scooter?

Ils sont amusants à monter, jusqu'à ce qu'un copain vous voie dessus.

Quel est le point commun entre les blondes intelligentes et les extraterrestres?

Tout le monde en parle, mais personne n'en a jamais vu.

Comment peut-on noyer une blonde dans un sous-marin?

En frappant à la porte.

Quelle est la différence entre une blonde et un trampoline?
On enlève ses chaussures pour utiliser un trampoline.

Pourquoi les blondes se lavent-elles les cheveux dans l'évier?
Parce que c'est là qu'on lave les légumes.

Une blonde et une brune tombent du haut de la statue de la Liberté. Laquelle des deux touchera le sol la première?

La brune, parce que la blonde s'est arrêtée pour demander son chemin.

Que fait une blonde quand on lui donne un éventail?
Elle remue la tête.

Que dit une blonde après s'être fait souffler dans l'oreille?
«Merci pour le plein!»

Deux blondes discutent.

– Et toi, demande la première, tu fumes après l'amour?

– Je ne sais pas, répond la seconde, je n'ai jamais regardé.

Quelle est la différence entre une blonde qui a ses règles et un terroriste?

Avec le terroriste, tu peux toujours négocier.

Quelle maladie paralyse les blondes en dessous de la ceinture?

Le mariage.

Qu'est-ce qu'une blonde fait de mieux pour souper?

Les réservations au restaurant.

Pourquoi les blondes ont-elles des jambes?

Pour aller du lit à la cuisine.

Quelle est la différence entre une blonde et une clôture?

La clôture, on n'est pas obligé de lui dire «je t'aime» avant de la sauter.

Pourquoi les blondes ont-elles deux paires de lèvres?

Une pour dire des conneries, l'autre pour se faire pardonner.

Quelle est la différence entre une blonde et un miroir?

La blonde parle sans réfléchir; le miroir réfléchit sans parler.

Comment remarque-t-on qu'une blonde ment?

Ses lèvres bougent.

Pourquoi les blondes sont-elles la preuve de l'existence de la réincarnation?

Parce qu'on ne peut pas devenir aussi idiote en une seule vie.

Que fait une blonde pour toujours conserver de jolies mains?

Rien, surtout rien.

Comment les blondes font-elles pour avoir un enfant?

Elles font un trou au préservatif...

Une blonde demande à son amant:

– Qu'est-ce que tu préfères chez moi: ma beauté naturelle ou mon intelligence?

– Ton sens de l'humour.

Que dit-on à une blonde qui a les deux yeux au beurre noir?

Rien, on le lui a déjà dit deux fois.

Une mère blonde dit à sa fille, blonde également:

– Si tu n'es pas couchée à minuit, rentre à la maison.

Combien existe-t-il de blagues sur les blondes?

Une seule, tout le reste est vrai.

Comment réussit-on à faire rire une blonde le lundi matin?

En lui racontant une blague le vendredi soir.

Pourquoi les blagues sur les blondes sont-elles toujours aussi courtes?

C'est pour que les brunes les comprennent.

Combien existe-t-il de blagues sur les blondes à travers le monde?

Seulement deux, tout le reste est vrai!

Pourquoi une blonde sourde et muette s'assoit-elle sur un journal?

Pour pouvoir lire sur les lèvres.

Quelle est la première chose qu'une blonde fait le matin lorsqu'elle se lève?

Elle rentre chez elle.

Une amie d'une blonde s'étonne:

– Pourquoi as-tu un bas rouge et un autre noir?

La blonde lui répond:

– Ne m'en parle pas, j'en ai une autre paire comme ça chez moi!

Comment faire pour rendre une blonde folle?

L'enfermer dans une pièce circulaire et lui dire de s'asseoir dans le coin.

Qu'ont en commun une blonde et une pompe à essence?

En bas, c'est ordinaire; au milieu, c'est super; en haut, c'est sans plomb.

Au paradis, Adam se plaint à Dieu:

– Je me sens seul. J'aimerais avoir quelqu'un qui me tienne compagnie.

– D'accord, Adam, je vais te créer une créature parfaite: belle, intelligente, gracieuse, douce, gentille, agréable; elle fera la cuisine et le ménage sans jamais rechigner.

– Très bien! Mais combien ça va me coûter?

– Les yeux de la tête, mon Adam!

– C'est cher! Et qu'est-ce que je pourrais avoir pour une côte?

– Bah... une blonde!

L'enfant d'une blonde entre chez lui en pleurant:

– Papa, papa... maman vient d'écraser ma bicyclette avec la voiture.

– Je t'avais dit de ne pas la laisser traîner sur la terrasse.

Une blonde doit avoir trois hommes dans sa vie:

– Un homme de vingt ans pour le choc;

– Un homme de quarante ans pour le chic;

– Un homme de soixante ans pour le chèque.

Un garçon est terriblement amoureux d'une superbe blonde, mais il est beaucoup trop timide pour la demander en mariage. Un soir, finalement, il se décide à lui téléphoner.

– Chérie, dit-il sans attendre, veux-tu m'épouser?

– Bien sûr, mon amour, répond la blonde. Mais... qui est à l'appareil?

Une blonde descend l'escalier en pleurant. Sa mère lui demande ce qui ne va pas et la fille répond que son petit ami vient juste de la laisser tomber. La mère, une autre blonde, entreprend alors de lui parler de la nature, des abeilles et tout le tralala, croyant que sa fille n'y connaît rien. La fille gémit alors:

– Oh non, maman! Tout le monde dit que je suis un sacré coup au lit, mais lui, il dit que je ne sais pas faire la cuisine...

Deux blondes se baladent dans les bois l'hiver; elles tombent sur deux traces visibles dans la neige. La première dit:

– Regarde! Des traces laissées par un cerf!

L'autre lui répond aussitôt:

– Mais non, ce sont des traces laissées par un ours!

C'est alors que le train les percute...

Deux secrétaires, une brune et une blonde, discutent:

– Il est plutôt beau gosse, le nouveau patron, dit la brune. En plus, il s'habille bien...

– Et vite... réplique la blonde.

Quelle est la blonde parfaite?

C'est celle qui baise jusqu'à minuit, puis qui se transforme en une pizza chaude et une canette de bière.

Un décorateur et une dame sont en train de choisir les couleurs des pièces de l'étage d'une maison. Dans la première pièce, la dame dit qu'elle aimerait un bleu pâle. Le décorateur écrit ça sur son papier, va à la fenêtre et crie:

– Le côté vert en haut.

Dans la deuxième pièce, la dame demande un jaune pâle. Le décorateur l'écrit sur son calepin, se dirige de nouveau vers la fenêtre et hurle:

– Le côté vert en haut.

La dame est un peu curieuse, mais ne dit rien. Dans la troisième pièce, elle exprime le vœu d'avoir un rose chaud. Le décorateur le note sur son calepin, se dirige vers la fenêtre et hurle à nouveau:

– Le côté vert en haut.

La dame n'en peut plus et lui demande alors:

– Pourquoi hurlez-vous systématiquement «Le côté vert en haut»?

– Oh! je vous demande pardon, madame, mais j'ai des blondes qui sont en train de poser de la tourbe en bas dans le jardin.

Un automobiliste qui circule entre Ottawa et Québec voit une jolie blonde faire du stop. Il s'arrête et la fait monter. Au bout d'un moment, il commence à ralentir pour ne pas arriver à Québec trop tôt. La nuit venue, il décide de s'arrêter dans un motel avec la blonde, mais il ne reste plus qu'une chambre pour les deux: ils la louent. Soudain, l'homme demande à la blonde:

– Tu es vaginale ou clitoridienne?

– Baiser, ça va, répond la blonde, mais parler de politique, ça non!

Une blonde entre dans un sex-shop:

– Eeest-ce queeee vouuuus vendeeez deees vibroooo-masseurs?

– Oui, madame, bien sûr!

– Aaaaalooors, diiiites-moiii commeeeeent çaaaa s'arrêêêêêête!

Une blonde est au lit avec son amant lorsque le téléphone sonne. Elle décroche et entame une courte conversation. En raccrochant, elle se tourne vers le gars en lui disant:

– C'était mon copain. Il me demande de ne pas m'inquiéter et de ne pas l'attendre ce soir car il joue aux cartes avec toi.

Un homme, exténué après quelques heures de va-et-vient avec une blonde, va voir s'il peut trouver dans le frigo de quoi reprendre des forces. Il se verse un verre de lait et s'apprête à le boire quand il pense à toute la chaleur qui émane encore de son organe sexuel turgescent qui ne demande qu'à être apaisé. Il se dit que le lait glacé est exactement ce qu'il lui faut. Au moment où il trempe son membre dans le verre, la blonde entre dans la cuisine et s'exclame:

– Oh, je me suis toujours demandé comment vous les rechargiez!

Quelle est la différence entre une blonde et un joueur de football?

Quand tu plaques un joueur de football, il ne te suit pas pendant deux semaines en chialant.

Comment appelle-t-on une blonde qui ne porte rien aux doigts dans une BMW?

Une divorcée.

Quelle est la différence entre une télé et un micro-ondes?

Il n'y en a pas… pour les blondes!

Quel est le comble de l'optimisme?

Imaginer qu'une blonde va raccrocher le téléphone parce qu'elle vient de dire «Au revoir!».

Qu'est-ce qu'un point clair au milieu de l'océan Atlantique?

Une blonde qui cherche Leonardo DiCaprio.

Pourquoi la NASA envoie-t-elle des blondes dans l'espace?

Parce que c'est moins lourd qu'un lave-vaisselle.

Quelle différence y a-t-il entre une blonde et un avocat?

Pour plaider, il y en a un qui met sa robe, l'autre qui l'enlève.

Pourquoi les blondes ont-elles un cerveau gros comme un pois le matin?

Parce qu'il enfle.

Quel est le point commun entre une blonde nue et une pomme de terre épluchée?

Elles attendent toutes les deux de se faire sauter.

Qu'est-ce qui fait 18 cm de long, 6 cm de large et qui rend les blondes complètement folles?

L'argent.

Quelle est la différence entre l'abominable homme des neiges et une blonde intelligente?

L'abominable homme des neiges a été localisé.

Quelle est la définition de la fidélité pour une blonde?
Un manque d'occasions.

Quelle est la différence entre les blondes et les moustiques?
Les moustiques ne nous embêtent que l'été.

Pourquoi les blondes baissent-elles les yeux quand on leur dit «Je t'aime»?

Pour voir si c'est vrai.

Pourquoi ne prend-on pas de la peau d'une blonde pour faire des tambours?

Quelqu'un a déjà vu une blonde ré(ai)sonner?

Pourquoi les hommes choisissent-ils toujours des blondes qui pleurent tout le temps sans raison et qui mettent trois heures à s'habiller?

Ils ne choisissent pas, il n'y en a pas d'autres.

Pourquoi les femmes blondes n'ont-elles pas de pénis?

Parce que dès qu'on leur en donne un pour quelques minutes, elles deviennent déjà hystériques.

Pourquoi les blondes ne disent-elles jamais de bêtises?

Parce qu'elles ne savent pas parler.

C'est quoi 163 millions de blondes aux portes du ciel?

Le plus important «rappel constructeur» que l'on n'ait jamais vécu.

Pourquoi les blondes se font-elles toutes avorter après le quatrième enfant?

Parce qu'on leur a dit qu'un enfant sur cinq qui naissait était chinois.

Qu'est-ce qui a 1 kilomètre de long et un quotient intellectuel de 10?

Un défilé de majorettes blondes.

Quand les blondes peuvent-elles avoir un nombril douloureux?

Quand leur petit ami est blond également.

Quelle est la différence entre une blonde et un téléphone public?

Le téléphone coûte plus cher.

Pourquoi la blonde ne parle-t-elle pas quand vous lui faites l'amour?

Parce que sa maman lui a dit de ne pas parler aux étrangers.

Pourquoi les blondes se marient-elles rarement?

Parce que ce n'est pas nécessaire de se marier pour coucher avec elles.

Qu'est-ce qui fait vroom, screech, vroom, screech, vroom, screech?

Une blonde en voiture à un feu jaune clignotant.

Pourquoi les blagues sur les blondes sont-elles aussi courtes?

Parce qu'une blague étoffée et réfléchie ne conviendrait tout simplement pas.

Pourquoi les blondes possèdent-elles des robes avec des cols de fourrure?

Pour garder les chevilles au chaud.

Quel est le point commun entre une femme et une piscine?

Elles coûtent cher d'entretien pour le peu qu'on est dedans.

Que feraient les hommes sans blondes?

Ils dompteraient un autre animal.

Qu'est-ce qu'une blonde devant une feuille blanche?

Une blonde devant ses droits.

Pourquoi les blondes ne mettent-elles pas de minijupes en hiver?

Pour éviter d'avoir les lèvres gercées.

Quelle est la différence entre un meurtrier et un homme qui vient de faire l'amour à une blonde?

Aucune. Les deux se demandent comment se débarrasser du corps.

Que fait une blonde dans un lit après l'amour?

Elle gêne.

INTELLIGENCE ET BÊTISE

Qu'est-ce qu'une blonde avec une perruque brune?
Une blonde qui essaie de devenir intelligente.

Comment appelle-t-on une blonde intelligente?
Un travesti.

Qu'est-ce qu'une brune entre deux blondes?
Une tranche d'intelligence.

Qu'est-ce qui est long et dur chez une blonde?
Le temps de réflexion.

Quelle est la différence entre une blonde et un Pokémon?
Le Pokémon, lui, il évolue.

Pourquoi, lorsqu'une blonde s'appuie contre un mur, celui-ci s'effondre-t-il au bout de quelques minutes?

Le plus intelligent cède toujours le premier.

Le père Noël, un ramoneur et une blonde intelligente sont dans un immeuble en feu. Qui saute?

Le ramoneur parce que les deux autres, ça n'existe pas.

La plus petite unité de mesure de poids, c'est le milligramme.

La plus petite unité de mesure de volume, c'est le millilitre.

La plus petite unité de mesure de l'intelligence, c'est la blonde.

Quand sait-on qu'une blonde va dire quelque chose d'intelligent?

Quand elle commence sa phrase par: «Mon mari m'a dit...»

Que dit-on d'une blonde avec la moitié d'un cerveau?

Qu'elle est douée.

Comment les neurones d'une blonde meurent-ils?

Seuls.

Comment appelle-t-on une blonde soufflant dans l'oreille d'une autre blonde?

Un transfert de données.

Comment appelle-t-on une blonde qui a perdu toutes ses capacités intellectuelles?

Une veuve.

Qu'arrive-t-il lorsqu'une blonde attrape la maladie d'Alzheimer?

Son quotient intellectuel remonte.

Quelle est la différence entre une blonde et un miroir?

Le miroir réfléchit.

Les blondes ne sont pas aussi idiotes qu'on le dit... elles le sont davantage.

– Depuis six mois, raconte une blonde à sa copine, je mange du poisson pour fortifier ma mémoire.

– Et ça marche?

– Formidable!

– Tu en manges combien par jour?

– Heu... quatre... non... deux... ou peut-être trois... Je ne m'en souviens plus...

Quel est le point commun entre une blonde et une enveloppe?
Elles sont toutes les deux timbrées.

Deux blondes se promènent en voiture et en voient une troisième en train de ramer sur une barque au beau milieu d'un champ de blé.

La première dit à la seconde:

– Tu te rends compte, c'est à cause de filles comme ça que nous, les blondes, avons cette réputation.

La deuxième répond:

– Ne m'en parle pas! Si je savais nager, j'irais lui mettre une bonne paire de claques!

Pourquoi les blondes ont-elles le front plat?

À force de se donner des tapes sur le front et de se dire: «Oh que je suis idiote!»

Que faire lorsqu'une blonde vous lance une grenade?

Retirer la goupille et la lui relancer!

INTERNET ET ORDINATEUR

Pourquoi une blonde verse-t-elle de l'eau sur un ordinateur?

Parce qu'elle veut naviguer dans Internet.

Une blonde va dans Internet, puis elle sort de chez elle et ouvre sa boîte aux lettres. Elle répète le même manège jusqu'à ce que son voisin, étonné, l'interpelle:

– Vous devez attendre une lettre très importante!

– Non, non, répond la blonde, c'est juste que mon ordinateur n'arrête pas de me dire que j'ai du courrier.

Comment appelle-t-on une jeune entreprise Internet dirigée par une blonde?

Une tarte-up.

Comment une blonde fait-elle pour imprimer un document de traitement de texte?

Elle pose l'écran sur la photocopieuse.

Comment sait-on qu'une blonde est passée sur un ordinateur?

Il y a du correcteur liquide blanc sur l'écran.

Comment sait-on qu'une blonde s'est servie d'un ordinateur?

La souris est dans une cage.

Comment sait-on qu'une blonde s'est servie d'un ordinateur?

Il y a du fromage à côté de la souris.

Quelle est la différence entre une blonde et un ordinateur?

Avec un ordinateur, vous ne devez entrer les données qu'une fois.

Comment reconnaît-on un ordinateur qui a été utilisé par une blonde?

Aux traces de rouge à lèvres sur le *joystick*.

JAMBE, FESSE ET SEIN

Pourquoi les blondes portent-elles toujours des jupes moulantes?

Pour empêcher leurs jambes de s'écarter instinctivement.

Dans une rue de la ville, une superbe blonde, très courtement vêtue, découvre largement ses cuisses tandis qu'elle monte dans un autobus. Une femme dit alors à son mari:

– Tu ne trouves pas cela honteux, cette façon qu'ont les hommes de regarder les jambes et le derrière de cette fille qui monte dans l'autobus?

– Quel autobus?

Pourquoi le cercueil d'une blonde est-il toujours triangulaire?

Parce que dès qu'on allonge une blonde, elle écarte les jambes.

Pourquoi Dieu a-t-il créé les blondes avec des jambes?

Pour ne pas qu'elles laissent de traces comme les limaces.

Que doit mettre une blonde aux oreilles pour plaire aux hommes?

Ses genoux.

Entre quels orteils une blonde préfère-t-elle se faire chatouiller?

Entre les deux gros.

Quel est le sport préféré des blondes?

Le ski nautique, car elles ont les cuisses écartées, la chatte mouillée et qu'elles se font «tirer» par une vedette.

Quelle est la différence entre une blonde et une tortue?

Aucune. Quand tu les mets sur le dos, elles remuent les pattes.

Que dit une blonde quand elle voit de la bouse de vache par terre dans un champ?

Pourvu que je ne me trompe pas de pied.

Que se disent les deux genoux d'une blonde au retour de vacances?

– Cela fait longtemps qu'on ne s'était pas vus.

Que dit la jambe gauche d'une blonde à la jambe droite?

Rien, elles ne se voient jamais.

Entendu à l'enterrement d'une blonde:

– Ah! enfin réunies!

– Qui? Les personnes de sa famille?

– Non, ses jambes.

Pourquoi les blondes ne savent-elles pas nager la brasse?

Parce que dès qu'elles sont mouillées entre les jambes, elles se tournent sur le dos.

Dans une classe de 5ᵉ année du primaire se trouvent une blonde, une brune, une noire et une rousse. Laquelle a les plus gros seins?

La blonde, car elle a vingt ans.

Comment toucher facilement les seins d'une blonde?

Il suffit de lui dire:

— Vous êtes parfaite, mademoiselle, sauf, bien entendu, vos seins en silicone...

La blonde réagit immanquablement:

— Allons, ce sont des vrais. Touchez-y, vous verrez.

Pourquoi les blondes ont-elles les seins carrés?

Parce qu'elles oublient d'enlever les mouchoirs de papier des boîtes.

Que dit une blonde à une serveuse, en lisant le badge sur lequel est écrit son nom?

— Caroline, c'est mignon... Et comment s'appelle l'autre?

JEU

Deux blondes jouent aux échecs:

– Tu as les règles en tête?

– Quoi? Je saigne du nez?

Une blonde demande à son mari si elle peut faire un tour de cheval. Celui-ci l'y encourage vivement. Et voilà notre blonde partie pour cinq bonnes minutes d'émotions. Mais rapidement, le rythme s'accélère et la blonde rebondit sur la selle jusqu'à perdre le contrôle.

Elle tente de se raccrocher au col du cheval, à sa crinière, mais une secousse trop violente la fait chuter la tête la première. Le cheval continue de rebondir, piétinant plusieurs fois le crâne de la malheureuse cavalière.

Le mari de la blonde hurle de terreur et provoque vite un attroupement autour de la scène difficilement supportable. Juste au moment où la blonde va finalement perdre connaissance, le surveillant du manège du centre commercial débranche le cheval.

Qu'est-ce qu'un squelette dans un placard?
Une blonde qui a joué à cache-cache.

Combien faut-il de blondes pour jouer à cache-cache?

Une seule.

Comment tenir une blonde occupée pendant des heures?

En lui donnant une feuille sur laquelle il est écrit des deux côtés «Suite au verso».

JUSTICE

Un juge rend son jugement dans la cause d'une blonde.

– Mademoiselle, vous êtes condamnée à 300 $ d'amende pour injures à un agent de la force publique. Avez-vous quelque chose à ajouter?

– Oui, répond la blonde, mais à ce tarif-là, je n'ose pas...

Une blonde, une brune et une rousse doivent être toutes les trois exécutées. Le directeur de la prison est clément et il laisse une chance aux femmes de ne pas mourir si elles racontent une blague qui fait rire tout le monde sans exception!

La brune commence. Elle raconte sa blague: le camp entier croule sous les rires, sauf la blonde. Le commandant exécute donc la brune.

La rousse raconte sa blague à son tour: tout le monde croule à nouveau sous les rires, sauf la blonde qui reste toujours de marbre. Le commandant exécute donc la rousse.

Vient enfin le tour de la blonde. Elle se place au milieu du camp, toute concentrée; au moment où elle semble vouloir raconter sa blague, elle explose de rire, se tord en deux en disant, la voix entrecoupée de hoquets:

– La blague de la brune était vraiment trop bonne...

LOGIQUE

Pourquoi une blonde escalade-t-elle un mur de verre?

Pour voir ce qu'il y avait de l'autre côté.

Comment appelle-t-on une blonde derrière un volant?

Un coussin gonflable.

Pourquoi les blondes tondent-elles le gazon avec une tondeuse électrique?

Pour retrouver leur chemin jusqu'à la maison.

Trois femmes, une rousse, une brune et une blonde, ont échoué sur une île déserte, à 30 km de la côte la plus proche. La brune annonce:

— Je vais tâcher d'atteindre le rivage à la nage.

Elle se lance, nage 10 km, commence à être fatiguée mais poursuit encore pendant 5 km, et elle se noie.

La rousse prend le relais et s'avère un peu plus endurante que la brune. Après 15 km, la fatigue se fait sentir, mais au bout de 20 km, elle se noie également.

La blonde, maintenant toute seule, tente alors sa chance. Elle nage 10 km, 15 km, 20 km, 25 km, 29 km. La côte est en vue, mais la blonde se dit:

– Je suis vraiment trop fatiguée... je n'y arriverai pas...

Et elle fait demi-tour.

MALADIE

Une blonde fait l'amour avec un type. Au bout d'un moment, elle lui demande:

— Tu n'as pas le sida, au moins?

— Mais non, réplique le type.

Ils poursuivent leurs ébats, mais la blonde demande de nouveau:

— Tu es vraiment certain que tu n'as pas le sida?

— Non, non et non! Et puis, pourquoi cette question?

— Parce que, vraiment, je m'en voudrais de l'attraper une deuxième fois dans la même semaine...

MENSONGE

Une rousse, une brune et une blonde testent un nouveau modèle de détecteur de mensonges.

La rousse commence et dit:

– Je pense... que je suis la plus belle fille du monde...

Faux, indique le détecteur.

La brune dit à son tour:

– Je pense... que je suis la plus belle fille de la ville...

Faux, indique le détecteur.

Vient le tour de la blonde, qui dit:

– Je pense...

Faux, indique aussitôt le détecteur.

MENSTRUATION

Que fait une blonde qui a ses règles?

Elle cherche qui lui a tiré dessus.

Pourquoi une blonde choisit-elle des tampons avec une ficelle la plus longue possible?

Pour que les «petites bibittes» puissent jouer au saut à l'élastique...

Pourquoi les blondes se jettent-elles en bas d'un édifice de 60 étages?

Pour essayer leurs nouvelles serviettes avec «ailes»...

Comment reconnaître la blonde qui fait le service au café?

C'est celle qui porte son tampon derrière l'oreille, en se demandant ce qu'elle a fait de son stylo.

Pourquoi les blondes n'ont-elles pas le droit de faire du parachutisme quand elles ont leurs règles?

Elles pourraient tirer sur le mauvais cordon.

MORT

Une blonde se rend chez le coiffeur pour une coupe de cheveux; elle prend place sur le fauteuil, et le coiffeur donne quelques coups de ciseaux, puis s'interrompt pour demander à la blonde:

– Vous serait-il possible de retirer votre baladeur, s'il vous plaît?

– Non, j'en ai besoin, répond la blonde.

Le coiffeur continue sa coupe, mais lorsqu'il arrive sur le côté de la tête, sans dire un mot, il retire le baladeur de la blonde, qui tombe raide morte par terre.

Le coiffeur n'y comprend rien, aussi décide-t-il de mettre les écouteurs sur ses oreilles, et c'est alors qu'il entend:

– Respire... inspire... respire... inspire...

Quelle est la différence entre le lit d'une blonde et la mort?

Aucune, tout le monde doit y passer.

Pourquoi la blonde et son petit ami blond sont-ils morts gelés tous les deux dans un ciné-parc?

Ils étaient allés voir: «Fermé pour l'hiver».

Comment appelle-t-on une blonde dans un cercueil?

Un lave-vaisselle encastré.

NATURE

Deux blondes s'en vont dans les bois pour chercher un sapin de Noël. Après des heures et des heures de recherche, une des deux, au bord de la crise de nerfs, dit à l'autre:

– Bon, ça suffit, je n'en peux plus. J'en ai assez. Le prochain sapin qu'on voit, qu'il ait des boules ou pas, on le ramasse!

Deux blondes se promènent à bicyclette. L'une dit à l'autre:

– Regarde la jolie forêt.

L'autre blonde répond:

– Où ça? Où ça? Il y a trop d'arbres...

Trois blondes ne se décident pas à traverser une rivière. Soudain, un génie apparaît et leur dit:

– Je vous accorde un souhait à chacune.

La première blonde lui dit:

– Je veux devenir assez intelligente pour trouver un moyen de traverser la rivière.

Elle se transforme aussitôt en poisson et traverse la rivière.

La deuxième demande:

– Je veux être encore plus intelligente pour traverser la rivière.

Elle se construit un canot, puis traverse la rivière.

La troisième dit:

– Je veux être encore plus intelligente que les autres pour traverser la rivière.

Elle se transforme aussitôt en homme et… emprunte le pont!

Une blonde dit à son amie:

– Sors ton bikini, la météo annonce 30 °C pour la fin de semaine.

L'amie s'étonne:

– En plein mois d'avril?

– Oui, 15 °C samedi et 15 °C dimanche.

Deux blondes s'adonnent à la pêche sur la glace depuis des heures. Elles n'ont toujours rien attrapé. Une des deux décide donc d'aller voir quelle technique utilisent les autres. Quelques minutes plus tard, elle revient et dit à sa copine:

– Tu ne devineras jamais comment font les autres?

– Non…

– Ils ont fait un trou dans la glace.

Un homme rencontre une blonde dans la rue en plein hiver et lui demande pourquoi elle ne porte qu'une seule botte. Et la blonde de répondre:

– La météo n'annonçait qu'un pied de neige.

Deux blondes se trouvent de chaque côté d'un fleuve. L'une crie à l'autre:

– Eh! comment t'as fait pour aller de l'autre côté?

Et l'autre de répondre:

– Pourquoi veux-tu savoir ça, idiote? T'es déjà de l'autre côté!

Une rousse, une brune et une blonde pénètrent dans une ferme par effraction, mais voilà que le fermier arrive. La rousse décide de se cacher dans l'écurie, la brune dans le poulailler et la blonde dans la remise à patates.

Le fermier, entendant du bruit dans l'écurie, va voir. La rousse se met à hennir, et le fermier s'en retourne vers la ferme. Soudain, il entend du bruit dans le poulailler et va voir. La brune se met à glousser, et le fermier s'en retourne vers la ferme. Il entre finalement dans la remise à patates. La blonde, cachée dans un sac, s'écrie alors:

– Patates! patates! patates!

Une blonde peint un X à l'avant de sa chaloupe. Son amie blonde lui demande:

– Euh... pourquoi cette marque?

– Bien, je veux être capable de retrouver l'endroit où la pêche était bonne...

— T'es idiote, lui rétorque l'autre, ce n'est même pas sûr qu'on va avoir la même chaloupe.

Que fait une blonde lorsque la météo annonce quelques flocons?

Elle sort à l'extérieur pour les compter.

Deux brunes et une blonde sont perdues dans le désert. La première brune a une bouteille d'eau; la seconde, une serviette. La blonde, elle, traîne une portière d'auto.

La première brune demande à l'autre:

— Qu'est-ce que tu fais avec une serviette?

— Bah... si j'ai chaud, je vais pouvoir m'essuyer. Et toi, que fais-tu avec une bouteille d'eau?

— Si j'ai chaud, je vais boire de l'eau.

Alors, les deux brunes regardent la blonde et lui demandent:

— Qu'est-ce que tu fais avec une portière d'auto?

— Bah! répond la blonde, si j'ai chaud, je vais pouvoir baisser la fenêtre.

ORGASME

Comment sait-on qu'une blonde vient d'avoir un orgasme?

Parce qu'elle crie: «Au suivant!»

Une blonde et une brune discutent de leur petit ami.

La brune:

– La nuit dernière, j'ai eu trois orgasmes, tu te rends compte!

La blonde:

– Ce n'est rien, ça, la nuit dernière j'en ai eu plus de vingt!

La brune:

– Oh, mon Dieu! Je ne pensais pas que ton amant était aussi bon au lit...

La blonde:

– Ah! tu voulais dire avec un seul gars...

Comment sait-on qu'une blonde a atteint l'orgasme?

Elle laisse tomber sa lime à ongles.

Que dit une blonde après plusieurs orgasmes?

– Ça va être l'heure de votre match, maintenant, les gars!

Pourquoi les blondes ont-elles du mal à parvenir à l'orgasme?

Qui se soucie de ça?

Comment sait-on qu'une blonde a atteint l'orgasme?

La personne qui vous suit vous tape sur l'épaule.

Pourquoi les blondes écrivent-elles toujours «Encore» sur le plafond, au-dessus de leur lit?

Pour se rappeler leur texte lorsqu'elles font l'amour.

PILULE

Pourquoi les blondes prennent-elles plus souvent la pilule que l'aspirine?

Parce qu'elles se servent plus souvent de leur c... que de leur tête.

Pourquoi les blondes préfèrent-elles la pilule au préservatif?

Parce que c'est plus facile à avaler.

Pourquoi les blondes prennent-elles la pilule?

Pour savoir quel jour on est.

PIZZA

Une blonde dîne au restaurant. La serveuse lui demande:

— Je la coupe en quatre ou en six morceaux, votre pizza?

— Quatre seulement, répond la blonde, parce que je n'ai pas assez faim pour en manger six...

Quelle est la différence entre une blonde et une pizza?

La pizza, tu peux la choisir sans champignons.

POIL

Une blonde rencontre un type dans un bar. Ils discutent une partie de la soirée, puis la blonde invite finalement l'homme à l'accompagner chez elle. Une fois à la maison, elle commence à se déshabiller. Le type la regarde et lui dit, surpris:

– Oh, pas de poils...

Elle lui explique:

– C'est parce que je me rase...

Elle retire sa petite culotte: il remarque encore qu'elle n'a pas de poils.

– Là aussi, tu te rases? demande-t-il.

– Non, dit-elle...

– Tu t'épiles?

– Non, répond la blonde, ça, c'est usé!

Pourquoi les blondes n'ont-elles pas de poils pubiens?

Avez-vous déjà vu de l'herbe pousser sur une autoroute?

POLICE

Une blonde roule sur l'autoroute avec sa nouvelle Ferrari. Elle se fait arrêter par un policier, qui lui demande:

– Mais, mademoiselle, pourquoi ne roulez-vous qu'à 20 km/h?

La blonde répond:

– C'est parce que sur le panneau, c'est indiqué A20.

Alors, le policier lui répond:

– Mais, mademoiselle, ça, c'est le numéro de la route!

La blonde dit:

– Ah bon!

Le policier regarde du côté passager de la voiture et, en remarquant la tête de la passagère, dit à la blonde:

– Mais, dites donc, elle n'a pas l'air de bien aller, votre copine brune, à côté.

Et la blonde de répondre:

– Ah! ça doit être parce qu'on vient de quitter la A313.

Un policier interpelle une blonde après l'avoir surprise à rouler en sens inverse sur une route à sens unique:

– Saviez-vous où vous alliez?

La blonde lui répond:

– Non, mais où que ce soit, ça ne devait pas être intéressant car tous les gens s'en revenaient...

Une blonde entre en courant au commissariat de police:

– On vient de me voler ma voiture. Sous mes yeux!

– Vous avez vu le voleur? demande le policier.

– Non, répond la blonde, mais j'ai relevé le numéro d'immatriculation de la voiture...

Un agent de police demande à une blonde impliquée dans un accident de voiture:

– Quelle a été la dernière parole de votre mari avant de mourir...

– À droite, c'est OK.

Un policier arrête une blonde qui a commis un excès de vitesse.

– Puis-je voir votre permis de conduire, mademoiselle?

– Permis de conduire? Qu'est-ce que c'est? demande la blonde.

– C'est un papier qui certifie que vous êtes autorisée à conduire une voiture...

– Ah oui, ça... Le voilà!

– Pourrais-je avoir votre certificat d'assurance, maintenant?

– Le certificat d'assurance? Qu'est-ce que c'est?

– C'est un document qui certifie que vous êtes assurée pour les dégâts que vous pourriez causer avec cette voiture.

– Ah oui, ça... Le voilà!

À ce moment, le gendarme baisse sa braguette et sort son «instrument».

– Oh non, s'écrie la blonde, pas encore un alcootest!

Une blonde arrive chez elle et constate qu'elle s'est fait cambrioler. Elle appelle immédiatement les policiers et sort s'asseoir sur le balcon pour attendre de faire sa plainte. Un agent arrive avec son chien policier. La blonde le regarde, se couvre le visage avec les mains et se met à pleurer à chaudes larmes.

– Qu'est-ce que vous avez donc, ma petite demoiselle?

– J'arrive chez moi, je me suis fait cambrioler... tout a disparu! J'appelle la police et qui est-ce qu'on m'envoie? Un policier aveugle!

Le commissaire de police interroge une secrétaire de direction, une blonde de surcroît:

– Avez-vous une idée sur la raison qui a pu pousser votre patron à se jeter par la fenêtre?

– Non, je ne sais pas, dit la secrétaire en sanglotant; il était toujours gentil avec moi. Il y a deux mois, il m'a fait cadeau d'un manteau de fourrure; le mois dernier, il m'a payé une Porsche et aujourd'hui encore, j'ai eu droit à une bague magnifique. Puis, il m'a demandé ce qui me ferait plaisir pour que je lui accorde mes faveurs.

– Et que lui avez-vous répondu?

– Je lui ai juste dit que les autres hommes du bureau avaient l'habitude de me donner 300 $.

PUBLICITÉ

Cinq blondes partent en vacances dans une Volks. La voiture tombe dans un ravin, les blondes meurent sur le coup. Vous connaissez la morale de l'histoire?

Vous n'imaginez pas tout ce que Volks peut faire pour vous!

Pourquoi Volvo a-t-il choisi une blonde pour faire ses «crash-tests» dans les publicités à la télé?

Si la compagnie avait pris une brune, celle-ci aurait freiné.

PUZZLE

Une blonde téléphone à son petit ami:

– Chéri, j'ai acheté un puzzle aujourd'hui, mais je n'arrive pas à le faire...

– C'est quoi, le dessin? demande-t-il.

– C'est un coq rouge...

– Bah! regarde, attends que je rentre du travail ce soir, je t'aiderai...

– OK, mais ne rentre pas trop tard.

Le soir arrive et le copain rentre à la maison.

– Alors, il est où, ton puzzle?

– Là, sur la table.

Le copain regarde et s'exclame:

– Ah! je vois! Tu sais ce qu'on va faire? On va remettre tous les Corn Flakes dans la boîte et on ne dira rien à personne. Ça va?

Une blonde va voir sa copine brune; elle est bien excitée parce qu'elle a réussi à compléter son puzzle en seulement six mois.

Sa copine lui dit:

– Il devait être vraiment difficile! Bravo!

– Sûr qu'il était difficile! Sur la boîte, c'était écrit: De 2 à 3 ans.

Qu'est-ce qu'une feuille de papier coupée en deux?

Un puzzle pour blondes.

RESTAURANT

Une blonde commande un hot dog au restaurant du coin.

— Ce sera long? demande-t-elle.

— Environ 20 cm, répond le serveur.

Une blonde entre dans une bibliothèque.

— Bonjour! Je voudrais un *cheeseburger*, une petite frite et un Coke.

— Pardon, mademoiselle, lui réplique la bibliothécaire, mais vous êtes dans une bibliothèque....

— Oh! pardon, je suis désolée.

Et de reprendre, à voix très basse:

— Alors, je voudrais un *cheeseburger*, une petite frite et un Coke.

Un homme et sa femme blonde sortent au restaurant pour célébrer leur dixième anniversaire de mariage. Alors que le serveur s'approche pour leur remettre les menus, la blonde lorgne le contenu des assiettes sur les tables voisines pour trouver l'inspiration. Tout à coup, elle donne un petit coup de pied discret à son mari:

— Chéri, retourne-toi et regarde. Je crois que c'est John Wayne à la table à côté...

L'homme se retourne machinalement et répond d'un air consterné:

– Chérie, John Wayne est mort depuis longtemps.

La blonde, en proie au doute, réplique:

– Tu en es sûr?

Mais quelques secondes plus tard, elle donne un autre coup de pied à son mari:

– Non, regarde, il n'est pas mort, il a bougé.

Une blonde entre dans un restaurant. Elle s'approche du serveur et, timidement, lui chuchote à l'oreille:

– Où sont vos toilettes?

Le serveur lui répond:

– De l'autre côté...

Alors, la blonde se déplace et lui chuchote dans l'autre oreille:

– Où sont vos toilettes?

Un gars déjeune à côté d'une blonde. Il l'interpelle:

– Pardon, mademoiselle, mais vous avez du ketchup sur la joue...

La blonde se met à frotter sa joue gauche.

Le gars lui dit:

– Non, mademoiselle, de l'autre côté...

Alors, la blonde se met le doigt dans la bouche et se met à frotter de l'intérieur...

Pourquoi les blondes ont-elles de petits trous autour de la bouche?

Parce qu'elles s'efforcent de manger avec une fourchette.

Deux blondes prennent un verre au bar d'un restaurant. La première dit:

– Tu vois les deux types qui discutent là-bas, eh bien! celui de droite est mon mari, et celui de gauche est mon amant!

L'autre rétorque:

– Oh! comme c'est rigolo! Moi, c'est le contraire!

Une blonde entre dans un restaurant et demande:

– Vous servez des nouilles, ici?

– Oh! bien sûr, on sert tout le monde.

SEXE

Que sont les préliminaires pour une blonde?

Les 10 minutes pour la décider.

Une blonde rentre chez elle plus tôt que prévu et trouve son mari au lit avec une brune.

— Mais que faites-vous là? hurle-t-elle.

Le mari se tourne vers la brune:

— Tu vois, je t'avais bien dit qu'elle était idiote.

Le patron dit à sa nouvelle secrétaire, une plantureuse blonde:

— Ma petite, si vous n'avez rien à faire de spécial ce week-end, venez donc avec moi à la campagne, vous verrez, j'ai un petit chalet très sympa...

— Avec plaisir, monsieur, dit la blonde. J'emmènerai mon petit ami.

— Votre petit ami? Mais pourquoi, diable, voulez-vous emmener votre petit ami?

— Eh bien! au cas où votre femme voudrait s'amuser elle aussi...

Que répond une blonde à la question: «Êtes-vous sexuellement active?»

– Non, je me couche et j'attends.

Un homme rentre chez lui à l'improviste et trouve sa femme, une blonde bien sûr, au lit avec un nain.

– Mais enfin, chérie, tu m'avais promis de ne plus me tromper.

– Bien, tu vois, je diminue la dose.

Quelle est la différence entre une prostituée, une nymphomane et une blonde?

La prostituée dit:

– Tu n'as pas encore fini?

La nymphomane dit:

– Tu as déjà fini?

Et la blonde dit:

– Beige. Je crois que l'on peindra le plafond en beige...

Qu'est-ce qu'une blonde nue sur un lit?

Une formalité à remplir.

Pourquoi les sourdes-muettes blondes n'utilisent-elles qu'une main pour se masturber?

Elles se servent de l'autre pour gémir.

Que sont les préliminaires pour une blonde?

Six bières.

SOMMEIL

Une brune, une rousse et une blonde discutent ensemble.

La blonde demande à ses amies:

– Dites, les filles, comment faites-vous pour savoir si vous avez bien dormi?

La rousse répond:

– Moi, c'est simple. Je lance un chapeau et s'il atteint le porte-manteau, ça veut dire que j'ai bien dormi.

La brune répond:

– Moi, je saute sur mon lit. Si je rebondis trois fois, ça veut dire que j'ai bien dormi.

La blonde, étonnée:

– Eh bien! dites donc, vous avez de drôles de manières, vous. Moi, c'est beaucoup plus simple, je lance ma culotte au plafond et si elle reste collée, ça veut dire que j'ai bien dormi.

TÉLÉPHONE ET TÉLÉCOPIE

Une rousse, une brune et une blonde se sont donné rendez-vous dans un restaurant.

La rousse sort un cellulaire et téléphone à son copain. Elle bavarde avec lui quelques minutes, puis raccroche. La brune a aussi un cellulaire qui se met à sonner. Elle discute avec son copain quelques minutes, puis raccroche.

La blonde n'a pas de cellulaire, ce qui l'enrage intérieurement. Soudain, elle a une idée! Elle se rend aux toilettes et y reste quelques minutes. Lorsqu'elle revient, ses amies remarquent quelque chose d'anormal: elle a un bout de papier hygiénique qui dépasse de sa jupe.

La rousse lui demande:

— Mais, c'est quoi, ça?

La blonde lui répond:

— Oh! ça? Rien, c'est juste une télécopie qui arrive.

Pourquoi les blondes sont-elles incapables de composer un appel d'urgence au téléphone?

Parce qu'elles ne trouvent pas le bouton «11» sur le clavier.

Qu'est-ce que fait une blonde mariée depuis dix ans après avoir fait l'amour?

Elle téléphone à son mari.

Au restaurant, une blonde retrouve son ami qui s'étonne de la voir avec des pansements aux deux oreilles.

— Mais qu'est-ce qui t'est arrivé?

— Je repassais ma chemise lorsque le téléphone a sonné et je me suis trompée, j'ai répondu avec le fer.

— Mais... l'autre oreille?

— L'imbécile a rappelé trois minutes après!

Un homme achète un cellulaire à sa femme, blonde. En le lui offrant, il lui explique comment ça fonctionne.

— Tu ouvres la petite porte, tu appuies sur le petit bouton et tu dis oui. Tu as compris?

— Oui! oui!...

Le lendemain, son mari l'appelle pour vérifier si elle a bien compris. Ça répond!

— Oui, chéri?

— Félicitations! Tu réussis à t'en servir.

— Tu penses vraiment que je suis idiote? Mais juste une question, tout de même: comment t'as fait pour savoir que j'étais au MacDonald's?

VACANCES ET VOYAGE

Une blonde et une brune se rencontrent un matin. La blonde vient tout juste de rentrer de vacances d'Europe.

La brune lui demande:

— Alors, comment s'est passé ton séjour?

— Je ne sais pas, je n'ai pas encore fait développer les photos...

À Paris, une blonde téléphone aux renseignements pour les horaires de trains:

— Je voudrais savoir combien de temps met le TGV pour se rendre à Londres?

— Une petite minute, mademoiselle...

— Merci! dit la blonde avant de raccrocher.

C'est l'histoire d'une blonde en vacances en Louisiane, aux États-Unis. Elle entre dans un magasin de chaussures car elle veut à tout prix acheter une paire de chaussures en crocodile. Mais le prix est si élevé qu'elle essaie de marchander avec le vendeur. Ce dernier étant intransigeant, elle lui dit:

— Laissez faire, je vais m'en chasser un moi-même!

Et elle quitte le magasin. À la fin de la journée, le vendeur, en rentrant chez lui, passe devant un marécage et voit la blonde, dans l'eau jusqu'à la taille, armée d'un fusil. Sur le bord du marécage, cinq ou six crocodiles sont morts, alignés sur la terre ferme. À ce moment, il voit dans l'eau un énorme crocodile de 10 ou 12 m s'approcher de la blonde. Bang! Celle-ci l'abat, le traîne sur la terre ferme, le retourne sur le dos et dit:

– Merde! Celui-là non plus n'a pas de chaussures!

Au cours d'une croisière, une jeune et jolie blonde a tenu quotidiennement son journal de voyage. Voici ce qu'on peut y lire.

Lundi. Nous avons pris la mer, ce matin. On m'a présenté le commandant. C'est un homme charmant.

Mardi. J'ai eu le privilège d'être invitée à dîner à la table du commandant; j'étais assise à sa droite et il s'est montré très galant envers moi.

Mercredi. Il m'a conviée à déjeuner en tête à tête dans sa cabine et il m'a fait des avances.

Jeudi. Il se fait de plus en plus pressant.

Vendredi. Il menace de faire couler le paquebot si je ne lui cède pas.

Samedi. Je viens de sauver cinq cents personnes de la noyade…

Une blonde vient d'arriver dans une pension de famille pour des vacances au bord de la mer et se renseigne sur l'horaire du restaurant.

– Le déjeuner est servi de 7 h à 11 h; le dîner, de 12 h à 14 h; le souper, de 19 h à 22 h, lui répond la dame de la maison.

– Ah! c'est embêtant, dit la blonde.

– Et pourquoi? demande la dame.

– Parce que ça ne me laissera pas beaucoup de temps pour aller à la plage...

Dans un train, une jolie blonde se retrouve assise en face d'un type qui mange des graines de tournesol. Au bout d'un moment, intriguée, elle demande:

– Mais pourquoi vous gavez-vous de graines?

L'homme explique:

– Ah! mais ce ne sont pas des graines ordinaires, ce sont des graines d'intelligence. Plus on en mange, plus on devient intelligent.

Attirée par la perspective de devenir plus brillante, la blonde ose demander:

– Vous pourriez m'en faire goûter une ou deux?

Le type répond aussitôt:

– Il n'en est pas question, ça vaut très cher, ces graines-là. Je vous les vends 10 $ chacune.

Décidément trop motivée, la blonde se décide à en acheter cinq pour 50 $. Elle les avale une à une et leur trouve un goût somme toute très ordinaire. Elle s'insurge:

– Elles n'ont rien de particulier, vos graines, vous êtes un escroc! Avec 50 $, j'aurais pu en acheter au moins 10 kg...

Et l'homme de répondre:

– Eh bien! vous voyez, ça commence déjà à faire effet!

Après une promenade à l'intérieur d'une maison, une petite mouche blonde rentre chez elle.

– Maman, aujourd'hui, j'ai eu beaucoup de succès.

– Comment cela? demande la maman mouche.

– Eh bien! je suis rentrée dans une maison où il y avait beaucoup de monde, et tous les gens m'ont applaudie...

VÉLO

Une blonde court dans la rue en tenant sa bicyclette à côté d'elle. Intrigué, un passant lui demande:

– Eh! Pour quelle raison ne montes-tu pas sur ta bicyclette?

La blonde répond:

– Je suis trop pressée. Si je m'arrête pour monter sur ma bicyclette, je vais arriver en retard au bureau.

Comment reconnaît-on une blonde sur un tricycle?

C'est la seule qui a une béquille.

Deux blondes partent faire du vélo dans un sentier qui serpente en forêt.

Au bout de quelques mètres, la première s'arrête et dégonfle les pneus de son vélo. La deuxième, surprise, lui demande:

– Mais que fais-tu?

– Rien, rien, mon vélo était simplement trop haut...

La deuxième blonde, ahurie, descend de son vélo, enlève le guidon, enlève la selle, met la selle à la place du guidon et le guidon à la place de la selle.

La première blonde la regarde et lui demande:

– Mais que fais-tu donc?

La deuxième de répondre:

– Je m'en retourne, tu es trop idiote.

VOITURE

Une blonde en voiture fait deux tonneaux et, bien que sa voiture soit en piteux état, elle s'en sort indemne. Elle va au garage pour la faire réparer et demande au mécanicien:

— Combien ça me côûtera pour réparer la carrosserie?

— Au moins 3 000 $.

— N'y a-t-il pas un autre moyen pour la réparer? demande-t-elle, trouvant le montant un peu excessif.

— Bah! rentre chez toi et souffle dans le tuyau d'échappement.

La blonde rentre chez elle et commence à souffler dans le tuyau d'échappement de sa voiture. Au même moment, une autre blonde passe par là et, surprise, lui dit:

— Tu vois, c'est à cause de blondes comme toi qu'on a une réputation d'idiotes. Tu crois que tu peux réparer ta carrosserie en soufflant dans le tuyau d'échappement pour la regonfler?

— Bah! c'est ce que le mécanicien m'a dit.

— Comment veux-tu que ça marche, dit l'autre, t'as oublié de fermer les fenêtres.

Dans un stationnement, deux blondes sont en train d'essayer d'ouvrir la portière de leur voiture dont la serrure s'est bloquée. La première dit à l'autre:

— Je n'arrive pas à déverrouiller la porte!

— Tu devrais te dépêcher, car il commence à pleuvoir et la capote est baissée.

Qu'appelle-t-on l'éternité?

Quatre blondes dans quatre voitures, chacune arrêtée au «stop» d'un carrefour.

Quelle est la partie de la voiture la plus dangereuse?

La blonde.

Un camion s'arrête à un feu de signalisation. Derrière, une blonde descend de son véhicule, frappe à la fenêtre du camion et crie:

– Bonjour! Je m'appelle Peggy. Je voulais vous dire que vous perdez votre cargaison.

Le camionneur veut répondre, mais le feu passe au vert et il démarre, laissant la blonde sur place.

Au feu suivant, la blonde recommence son manège, mais sans succès, car le camionneur redémarre au vert, avec un air complètement désintéressé. Au troisième feu, la blonde, décidément persévérante, frappe de plus belle au carreau du camion en gesticulant:

– Hé! Je suis Peggy et vous perdez votre cargaison sur la route!

Le camionneur descend sa vitre:

– Bonjour. Moi, c'est Éric. C'est l'hiver, et je conduis une saleuse...

Deux blondes font de l'auto-stop après une journée de camping. Le soir arrive, elles sont encore au même endroit. Alors l'une dit:

– Viens! On plante notre tente sur le côté.

– Bonne idée! réplique l'autre. Mais, est-ce que tu ne penses pas que ce serait encore mieux si on la plantait sur la route puisque c'est plat?

– Oui, rajoute l'autre. C'est plat et puis les voitures vont être obligées de s'arrêter.

Alors, elles plantent leur tente et le lendemain matin, en se levant, elle voient un camion renversé sur le côté de la route.

– T'as vu, dit l'une des deux, si on avait planté notre tente là, eh bien! on serait mortes!

Pourquoi les blondes préfèrent-elles les voitures avec un toit ouvrant?

Ça fait plus de place pour les jambes.

Pourquoi une blonde a-t-elle tenté de voler une voiture de police?

Elle a vu 911 et elle a cru que c'était une Porsche.

Comment reconnaît-on une blonde à 120 km/h sur l'autoroute, la nuit?

C'est la seule qui ouvre sa portière pour avoir de la lumière afin de se maquiller.

Une blonde et son amie brune circulent en voiture. La blonde conduit sa superbe décapotable, les cheveux au vent, les lunettes de soleil en bandeau.

Elle bâille:

— Toi qui es technique, dit-elle à sa copine, allume donc l'autoradio!

C'est l'heure du bulletin d'information:

— Tout sur les distances de sécurité, les deux secondes...

La voiture ralentit, puis s'arrête tout à fait.

La brune demande:

— Pourquoi t'arrêtes-tu?

La blonde répond:

— Il y a une voiture devant, alors je vais compter jusqu'à deux, mais je ne sais plus le début de l'histoire...

Une blonde décide d'aller faire un tour avec la Ferrari que son riche mari vient de lui offrir. Au bout de quelques kilomètres, elle tombe en panne et décide, après mûre réflexion, d'ouvrir son capot. Au même moment, une autre blonde arrive, elle aussi au volant d'une Ferrari, et lui demande ce qui se passe.

– Je crois que j'ai perdu mon moteur, répond-elle.

L'autre blonde descend de sa voiture, regarde dans son coffre et lui dit:

– Si tu veux, j'en ai un de rechange.

À un feu de signalisation, une blonde, qui s'est arrêtée au feu rouge, cale son moteur et laisse passer successivement le vert, le jaune, un second rouge.

À ce moment, un policier s'approche et lui demande:

– Alors, mademoiselle, vous n'arrivez pas à vous décider sur la couleur que vous préférez?

Est-ce que vous saviez qu'il y a des gènes de blondes dans la bière?

Bah oui! Après quelques bières, on dit n'importe quoi, on veut toujours avoir raison et on ne sait plus conduire.

Un homme s'est mis dans la tête de se trouver une blonde pour la nuit. Il décide alors d'entrer dans un bar et, aussitôt arrivé, il va voir une belle blonde assise dans un coin. Il entame la conversation et les deux décident ensuite d'aller dans la voiture du type.

Ils commencent à s'embrasser et à se caresser. Comme le type veut aller plus loin, il demande alors à la blonde:

– Ça te dirait d'aller faire un petit tour sur la banquette arrière?

La blonde lui répond:

– Non, pas vraiment...

Le type est déçu, mais il redouble d'ardeur et continue à embrasser la fille. Trente minutes plus tard, il repose la même question:

– Dis, tu ne veux pas aller sur le siège arrière?

Elle répond à nouveau:

– Bah... non!

Le type ne comprend vraiment pas la raison de ce refus, alors il lui demande:

– Mais dis-moi donc pourquoi tu refuses d'aller sur le siège arrière? À l'avant, ce n'est pas pratique, tu sais...

Et la blonde de répondre:

– Bah! c'est parce que je veux rester avec toi!

Un gars demande à une blonde si son clignotant fonctionne.

La blonde répond:

– Il marche, il ne marche pas, il marche, il ne marche pas...

Qu'a donc une blonde derrière la tête quand elle fait l'amour?
Le volant.

Que dit une blonde lorsque son copain lui annonce que les freins de sa voiture ne fonctionnent plus?
– Pas de problème, chéri, il y a un arrêt au bas de la côte!

Après avoir fait l'amour, comment une blonde allume-t-elle la lumière?
Elle ouvre la portière.

Qu'est-ce que le «Safe Sex» pour une blonde?
Verrouiller les portes de la voiture.

Quelle est la différence entre une blonde et une Porsche?
On ne passe pas sa Porsche à ses amis!

Pourquoi les blondes conduisent-elles des BMW?
Parce qu'elles ne sont pas capables d'épeler «Porsche».